Cómo estimular al bebé

Grupo ROBIN BOOK

Barcelona - México
Buenos Aires

Cómo estimular al bebé

María Eugenia Manrique
Juan José Plasencia

ROBIN BOOK
nuevos padres

© 2010, Juan José Plasencia Negrín

© 2010, Ediciones Robinbook, s. l., Barcelona

Diseño de cubierta: Regina Richling
Fotografía de cubierta: iStockphoto © podfoto
Diseño de interior y compaginación: Paco Murcia
ISBN: 978-84-9917-074-9
Depósito legal: B-42.063-2010

S.A. DE LITOGRAFIA, Ramón Casas, 2 esq. Torrent Vallmajor, 08911 Badalona
(Barcelona)

Impreso en España - *Printed in Spain*

Sumario

Sumario

Sumario

Introducción

Cuando finalmente llega el momento del parto, después de una espera de nueve meses llena de expectativas, ilusiones y cuidados, comienza un proceso de encuentro y descubrimiento tanto para los padres como para el bebé. Si bien tener un hijo es un suceso natural que acontece continuamente, es sin duda una vivencia extraordinaria, en la que el inmenso sentimiento de amor que se despierta suele estar acompañado de dudas e inquietudes, unidas a la imperiosa necesidad de proteger y ofrecer al recién nacido todo lo posible para que crezca y se desarrolle saludablemente.

Los padres que se preocupan por el bienestar del bebé pueden llegar a sentirse abrumados con la presencia de éste. Es ya un individuo, pequeño y vulnerable, que necesita de la ayuda de los padres para alcanzar todo el potencial que trae consigo. Los primeros tres años del bebé son determinantes y éste evoluciona tan de prisa que da la sensación que el tiempo pasa demasiado rápido. Por esto es importante aprovecharlos al máximo, tanto para disfrutar plenamente de la experiencia como para estimular de manera saludable el desarrollo del bebé.

La comprensión del mundo es una necesidad innata que acompaña al ser humano en todas las etapas de su existencia. En los niños esta necesidad ha de ser escuchada sensiblemente por los adultos que le cuidan. La mejor escuela o el mejor medio para atender esta necesidad es el hogar, enmedio de un clima de ternura y amor, sin necesidad de invertir en materiales especiales, ni sofisticados equipos, los padres tienen a su alcance múltiples posibilidades para estimular a sus pequeños. De esta manera, gradualmente les irán facilitando la conexión que necesitan con el medio, a la vez que construyen su particular conocimiento del entorno.

El crecimiento y el desarrollo del niño se verán favorecidos gracias a la dedicación y acompañamiento que recibe por parte de sus padres. Por crecimiento nos referimos a los cambios físicos que se observan especialmente en el incremento del tamaño, el peso y la estatura, mientras que el desarrollo se refiere a la evolución intelectual y emocional que se observa en los cambios secuenciales de actitudes, pasando de la simplicidad a la complejidad, para llevarle hacia la madurez de sus facultades, necesarias para interrelacionarse con el medio ambiente.

Un hecho determinante en el proceso de estimulación es que los niños no representan un receptor pasivo, cualquier estímulo por pequeño que parezca, genera una trayectoria bidireccional, una reacción ininterrumpida que enlaza al niño con su entorno y especialmente con el origen del estímulo. Ya sea interna o externamente el niño responde al estímulo, generando a su vez una reacción en quien le estimula, es aquí donde se establecen las primeras pautas de la comunicación, donde el bebé comienza a mostrar su temperamento, permitiendo a sus padres comenzar a conocer las competencias y facultades que ha traído consigo.

Para el bebé los padres juegan el papel de intermediarios que le facilitan su aprendizaje y su integración al mundo.

Introducción

Amor, buena disposición y mucha paciencia son ingredientes indispensables para llevar con éxito esta mediación. El bebé no siempre está dispuesto para aprender, a veces se cansa o puede ser que se muestre irritado ante un nuevo estímulo, pero lo que nunca le aburre son las caricias y los mimos, siempre que se respeten sus tiempos, el bebé disfruta de sentir y descubrir el sentimiento del amor.

No es necesario saturar al bebé o al niño con estímulos o actividades. Estimular no significa pretender crear superdotados, ni forzar el proceso de maduración natural, sencillamente se trata de facilitarle al niño un desarrollo equilibrado y saludable de sus facultades, tomando en consideración tanto lo que el niño recibe de su entorno familiar y social, como lo que descubre por sí solo de manera espontánea. Es importante tener presente que cada niño es diferente, crece y madura dentro de su propio ritmo, por lo que no hay que encasillarse con las tablas de desarrollo y los tiempos establecidos. Estimularles, es facilitarles el camino para disfrutar de lo que les ofrece la vida y comprender mejor el mundo que les rodea.

Primera parte

La estimulación como eje esencial para el crecimiento saludable

La vida se inicia en el útero materno. Es allí donde el futuro bebé comienza a experimentar sensaciones y recibir los primeros estímulos que le ayudan a comunicarse con el exterior, a la vez que le facilitarán su llegada al mundo. Cuando nace, el bebé ya trae consigo recuerdos e impresiones, las vibraciones producidas por el sentimiento de amor expresado a través del tacto, le resultan familiares. También es capaz de reconocer la voz de su madre, que le aporta confianza y seguridad. Físicamente llega desnudo, pero en su interior guarda un enorme potencial que espera desarrollar gracias a la estimulación que reciba de su entorno.

Según investigaciones de la neurociencia, durante los primeros años de vida es cuando el cerebro presenta una mayor plasticidad neuronal, esta cualidad le permite establecer fácil y eficazmente conexiones entre las neuronas. Mientras más variedad y calidad de estímulos recibe el bebé más posibilidades de conexiones neuronales tendrá, lo cual a su vez favorece la regeneración y el funcionamiento de estos circuitos.

El cerebro infantil, en proceso de maduración, necesita información para evolucionar hacia los niveles que le permitirán desarrollar la inteligencia. La estimulación en esta etapa, también conocida como estimulación temprana, se fundamenta principalmente en propuestas de ejercicios, actividades y juegos que le ofrecen al bebé y al niño la captación de nuevos estímulos, los cuales le permitirán ampliar y potenciar las funciones cerebrales, a la vez que le facilitarán aprender con rapidez lo necesario para comenzar su adaptación al ambiente familiar y a la sociedad, tanto en el aspecto físico como en el intelectual, creativo, emocional y social.

Lejos de pretender desarrollar una precocidad infantil o adelantar la evolución natural del niño, la estimulación en la etapa de 0 a 3 años de vida, tiene como objetivo principal ofrecerle una diversidad de experiencias sensoriales, dirigidas principalmente a la adquisición de las habilidades necesarias para cimentar las bases que le ayudarán a afrontar todo aquello que le queda por vivir y aprender. Con la estimulación se incentiva el desarrollo de las facultades creativas, las cuales favorecen la autoestima, la personalidad y la capacidad para solucionar situaciones relevantes.

En la estimulación temprana se consideran principalmente los siguientes aspectos del desarrollo infantil:

La Cognición

Engloba la capacidad de pensar, relacionar, comprender, razonar, interrelacionarse con el entorno y adaptarse a las nuevas situaciones. El desarrollo del área cognitiva permite al niño poner atención, seguir instrucciones y tener capacidad de reacción ante determinadas circunstancias.

La Motricidad

Proporciona al niño el descubrimiento de su cuerpo y de sus habilidades para establecer un contacto físico con su entorno. Implica la capacidad para el movimiento y el desplazamiento, además de la facultad para establecer una coordinación entre lo que observa y lo que toca. Su desarrollo le otorga al niño la motricidad fina, que utilizará al

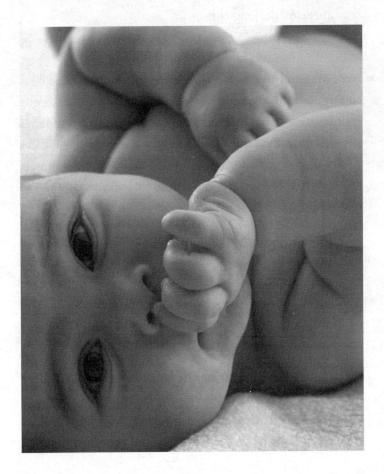

manipular objetos con los dedos para dibujar, escribir, recortar, vestirse, etc.

El Lenguaje

Representa las habilidades necesarias para comunicarse y manifestar sus ideas. En esta área la capacidad de escucha, la comprensión, la expresividad, la gestualidad, la asociación y la imitación se contemplan como pasos determinantes para la adquisición del lenguaje.

Lo Socioemocional

Aquí se conjugan las experiencias afectivas con las relaciones sociales del niño. Son los primeros vínculos de cariño que representan una referencia o ejemplo para las relaciones sociales y afectivas que establecerá a lo largo de su vida. Las pautas de conducta, la sana expresión de los sentimientos, la autonomía e independencia, son aspectos que también se contemplan en esta área.

La Creatividad

Contempla principalmente el uso del pensamiento divergente, también conocido como pensamiento creativo. Implica la participación de la imaginación, la curiosidad, la experimentación y la investigación, como cualidades que favorecen el desarrollo de la creatividad y la expresión particular de su mundo interior.

Trabajar la estimulación, de manera consciente, sobre estos aspectos mencionados, representa nutrir al bebé de ricas y variadas experiencias que le permitirán aprender lo necesario para alcanzar un desarrollo y crecimiento saludable.

Recomendaciones generales

Instintivamente los padres estimulan a sus hijos desde el momento del nacimiento. Una vez que el recién nacido toma presencia en sus vidas, un primer impulso natural les lleva a protegerle y satisfacer sus necesidades básicas. Sus demostraciones de cariño y la ternura con que le cuidan son los primeros estímulos que recibe el bebé, con los que le animan a interrelacionarse con su entorno. A partir de estos primeros días comienza la aventura para el bebé y su familia, una aventura en la que los padres representan la principal conexión que tiene el bebé para descubrir el mundo, al tiempo que se descubre a sí mismo como individuo.

Las actividades y juegos descritos en este libro no han de entenderse como propuestas cerradas. Son principalmente un punto de partida a través de los cuales se busca estimular la imaginación tanto de los padres como de los hijos. Cada familia tiene sus propias experiencias que pueden enriquecer y adaptar las propuestas descritas a sus características particulares. Siempre y cuando se respeten la integridad de padres y niños, la creatividad encuentra un espacio libre para aportar variantes propias en las actividades de estimulación.

Una vez que los padres asumen la responsabilidad de estimular a sus hijos para facilitarles un desarrollo saludable, han de tener presente ciertos aspectos que favorecen los resultados en las actividades de estimulación que proponemos en este libro. También es importante considerar que esta decisión requiere de tiempo y dedicación para con sus hijos, tiempo que se verá recompensado por la efectividad de los resultados que se observan en el crecimiento del bebé y muy especialmente por el fortalecimiento de las relaciones entre padres e hijos.

Para que tanto los padres como los hijos puedan disfrutar de las actividades de estimulación y obtener sus máximos beneficios, es recomendable atender a los siguientes consejos:

✔ Todos los niños son diferentes, por lo que tienen sus propios ritmos y tiempos de reacción. Es necesario respetar este aspecto y no intentar marcar el ritmo o exigir una respuesta inmediata a la estimulación. Las actividades y juegos de estimulación no se deben plantear de manera impositiva, estas han de adaptarse a las circunstancias, necesidades y características del bebé o el niño.

✔ Para que el bebé se encuentre más receptivo a las actividades de estimulación es recomendable establecer horarios durante el día que se acoplen armoniosamente a las rutinas del bebé y en que los padres dispongan de la tranquilidad necesaria para dedicarse a él.

✔ Una vez que se comienza la actividad de estimulación hay que respetar ese tiempo y disfrutarlo plenamente. No hay que tener grandes expectativas, es importante ser paciente y especialmente evitar las interrupciones, ya que el bebé no comprenderá por qué se detiene el juego, cuando probablemente se lo estaba pasando tan bien.

✔ Si se observa que el bebé está cansado o se muestra irritado, dejarle descansar y proporcionarle tranquilidad, sin insistir en continuar con la actividad que se le está proponiendo, ni agobiarle con estímulos. Hay que evitar el exceso de novedades que en la mayoría de los casos le llevará a buscar lo que ya conoce y le resulta familiar.

✔ Los juegos y las dinámicas han de estar siempre acompañadas de palabras, canciones, gestos cariñosos, sonrisas... conversar con el bebé le ayuda a sentirse acompañado y aunque no comprenda el significado de las palabras, en el tono con que se le habla percibe el afecto y la ternura que necesita para facilitar su participación en la propuesta. Incluso cuando no se está realizando ninguna actividad, la música es una excelente compañía para los bebés, siempre y cuando sea de cadencia relajante que no les altere su estado de ánimo.

✔ Hay que tener presente la importancia de los gestos cuando se conversa con el bebé. Los gestos representan la forma de comunicación previa al lenguaje verbal. Es un medio de expresión fundamental para el bebé, que le facilita captar y comprender la intención o el sentido de lo que se le dice. Antes de hablar el bebé comenzará a imitar los gestos y aprenderá a comunicarse a través de su movimiento corporal. Durante las actividades y juegos de estimulación es necesario observar la gestualidad del bebé, para poder tener una idea de cómo se está sintiendo, si desea continuar, o si por el contrario se encuentra abrumado y prefiere descansar.

✔ Es importante asegurarse de que los objetos y juguetes que se eligen para las actividades de estimulación son seguros para el bebé, de manera que los pueda manipular e incluso chupar con seguridad, sin riesgo de lastimarse o sufrir ningún daño. En este aspecto hay que tener en cuenta principalmente el material y el tamaño de los juguetes, que no han de ser muy pequeños para evitar que el bebé los pueda ingerir. Revisar si están limpios y que no estén rotos ni presenten ángulos pronunciados.

✔ Cualquiera que sea el objetivo de la actividad, ésta se ha de realizar de manera divertida, con el fin de que el tiempo que se dedique represente un momento agradable tanto para el bebé como para los padres.

✔ Cuando el bebé o el niño se van familiarizando con las actividades y los juegos, es sencillo observar que muestran especial atracción por algunas. Hay que aprovechar esta predilección para los momentos en que se encuentran muy dispuestos a participar. Se puede intentar comenzar por un juego y luego introducir una pequeña novedad que nos puede llevar sutilmente hacia otra actividad.

✔ Los bebés disfrutan de estar desnudos. Estar sin ropa les permite más libertad y las percepciones táctiles se incrementan. Es recomendable aprovechar los momentos en que se le baña o mientras se le cambia de ropa, para ofrecerle un masaje y jugar con él, estas actividades le brindan la oportunidad de experimentar sensaciones que le facilitan el descubrimiento de su cuerpo.

✔ Cuando se realizan los masajes o ejercicios físicos con el bebé, los movimientos han de ser suaves, evitar sacudirle, estirarle con brusquedad y aplicar las presiones con mucha suavidad. Cualquier sensación táctil o movimiento para el bebé es proporcionalmente mucho mayor con respecto a nuestras propias sensaciones.

✔ Las ropas y vestidos de bebés y niños han de ser cómodas y preferiblemente de materiales naturales. Sin abusar de los adornos o complementos. Han de tener libertad de movimientos, sin crearles una preocupación por mantener limpia la ropa, lo cual les limita las posibilidades de explayarse en sus juegos.

✔ Aunque parezca exagerado los bebés pueden sentir ansiedad. Si se insiste en estimularlo, se le satura con actividades o se le exige demasiado, puede que se observe un resultado contrario al esperado, generando en el bebé un estado de ansiedad e irritabilidad.

✔ Si el bebé muestra irritación o está intranquilo, las nanas o canciones de cuna han sido desde siempre el mejor de los calmantes. Está comprobado que cuando los bebés

escuchan a su madre cantarle nanas su ritmo cardíaco disminuye y su respiración se aplaca, ayudándoles a conciliar el sueño o a tranquilizarse. Este efecto está relacionado con la similitud que existe entre el ritmo monótono de las nanas y el ritmo natural del corazón del bebé. Si al mismo tiempo de cantarle se le acompaña con un suave movimiento físico, ya sea en brazos o meciendo su cuna, el efecto de la canción se incrementará. Estos suaves balanceos recuerdan al bebé los movimientos de vaivén de su vida uterina que le aportan tranquilidad y le inducen al sueño.

✔ Cuando el nivel de comprensión del niño aumenta, algunos juegos y actividades representan un reto, que dependiendo de la dificultad que suponga para él, puede sentir frustración o mostrarse enojado, llegando incluso a no querer continuar el juego. No se trata de aceptar berrinches o demandas fuera de lugar de parte del niño, pero sí de respetar estos sentimientos, intentar dialogar con él y especialmente concederle el tiempo y el espacio que necesita para que pueda recuperar el equilibrio por sí solo.

✔ A medida que el niño crece solicita más información sobre las actividades que se le plantean y sobre su entorno en general. Hablarle de lo que sucede y ofrecerle explicaciones sencillas le ayuda a estar más dispuesto a participar en las actividades propuestas.

✔ En los procesos de estimulación infantil es necesario observar las respuestas y los avances del niño para reforzarlos y procurar que desarrollen sus nuevas capacidades y aprovechen positivamente los nuevos aprendizajes. Celebrar sus logros con buen ánimo y demostraciones de cariño refuerza la autoestima del niño y le animar a continuar con sus actividades.

✔ Aunque se tenga planeada una actividad, si se observa que en ese momento el bebé o el niño se entretiene por sí solo es preferible dejarlo tranquilo. Durante el tiempo que pasan jugando por cuenta propia los niños procesan dentro de su ritmo particular lo que están haciendo y aprenden a estar consigo mismos a través de su experiencia individual.

✔ Nunca hay que adelantarse a las respuestas del niño, mucho menos etiquetarle o suponer que no es creativo o que no tiene capacidad para aprender en determinadas áreas. Siempre hay que animarle e incentivarle con palabras positivas que le refuercen su autoestima.

✔ Hay que evitar evaluar los resultados del niño, ni criticar sus intervenciones. Para el niño las opiniones del adulto son determinantes, pueden hundirle o levantarle el ánimo. Una de las capacidades que se ve más afectada por los juicios externos es la creatividad. Si el niño siente que le están evaluando puede renunciar a experimentar libremente e pensar que debe satisfacer las expectativas de sus padres, bloqueando sus verdaderos deseos e interfiriendo en el desarrollo de su propia personalidad.

✔ No se debe vigilar excesivamente a los niños durante las actividades. Si se les controla constantemente se les reprime su naturalidad y dejan de ser espontáneos. La pérdida de espontaneidad conlleva cambios en el carácter, que no favorecen la evolución natural ni el equilibrio afectivo del niño.

✔ Los resultados de los juegos y actividades no han de ser comparados con ningún propósito. No se trata de alcanzar una meta específica sino de aprender a través del proceso. La comparación genera un espíritu de competición que no siempre favorece la libertad en las actividades. Además, esta actitud suele general en los niños un nerviosismo y un estado de ansiedad que perjudica su equilibrio emocional.

✔ La estimulación no ha de buscar el perfeccionismo en el desarrollo del niño, simplemente que aprenda y experimente cosas nuevas, al tiempo que mejoran sus capacidades.

Los sentidos: un manantial para la estimulación

Toda la información que recibe el bebé, incluso desde antes de su nacimiento, le llega a través del sistema sensorial. Los sentidos representan las vías naturales de captación de estímulos a través de los cuales los seres vivos recibimos la información necesaria para conectar con el mundo exterior y establecer la comunicación indispensable para la vida. La principal función de los sentidos es recabar información del entorno para facilitar la adaptación y la supervivencia.

La estimulación sólo es posible gracias a los sentidos, y a la capacidad de percibir, reconocer e interpretar las impresiones sensitivas. Cualquier estímulo por pequeño que sea genera en el organismo un proceso fisiológico activo-constructivo de percepción, sensación y respuesta. Cada vez que se activa este proceso se produce una experiencia de reconocimiento y asociaciones inconscientes, que será procesada y modificada a nivel cerebral, para posteriormente ser comprendida y almacenada tanto en la memoria corporal como en la intelectual.

Podemos decir que la estimulación y la percepción representan las primeras bases del desarrollo y del aprendizaje. La capacidad de percibir depende de la información ambiental que llega al cerebro, estimular es también enseñar a recibir a través de los ejercicios de estimulación que el niño desarrolla y mediante los cuales amplía su capacidad vital de percepción.

La percepción sensorial comienza aproximadamente en la sexta semana de vida uterina, pero es en los últimos tres meses de gestación cuando el futuro bebé empieza a desarrollar las complejas estructuras neurológicas que le permitirán establecer una relación mental entre los primeros mensajes sensoriales, las respuestas reflejas físicas y las experiencias emocionales. Al nacer, el único sentido que no ha estrenado es el del olfato, el cual permanece latente hasta que despierta con la primera respiración.

En la estimulación se trabaja teniendo en cuenta la percepción sensorial y está dirigida principalmente a los órganos de los sentidos. Las sensaciones que se pretenden generar a través de las actividades y ejercicios de estimulación representan una fuente de información para el bebé, y tienen como objetivo facilitarle el descubrimiento tanto del mundo exterior, como de su propio cuerpo físico y emocional.

Los órganos de los sentidos (ojos, piel, nariz, oídos y lengua) actúan como receptores de los constantes estímulos que van tejiendo una compleja estructura de recuerdos donde se activa el aprendizaje. Reciben la información por medio de distintos tipos de energía: energía luminosa, a través de la vista. Energía mecánica, a través del tacto y la audición. Energía química, a través del gusto y el olfato. Todas estas energías se captan a través de los sentidos, cuyos receptores sensoriales cumplen la importante función de transformarlas en energía eléctrica, que es la única que puede utilizar el cerebro humano.

En los primeros años de vida los sentidos representan el acceso al mundo. Las múltiples sensaciones que recibe el bebé a través de sus sentidos representan oportunidades valiosas para su aprendizaje. Gracias a sus sentidos los niños viven experiencias directas que les permiten reconocer, comprender y desarrollar sus primeras preferencias. Con la estimulación temprana, desde los primeros meses los niños aprenden a utilizar sus sentidos y a disfrutar de todo lo que éstos pueden ofrecerles; desde experimentar la sensación de seguridad que le aporta una caricia, hasta sentir el placer que le produce el olor de su fruta preferida.

Cuáles son los sentidos

Hasta hace algunos años, los sentidos establecidos tradicionalmente eran cinco: vista, oído, gusto, olfato y tacto. En la actualidad, según estudios avanzados sobre la sensibilidad de la piel y otros receptores internos, se ha demostrado que el sistema sensorial es más amplio, estableciéndose como sentidos independientes una gran variedad de procesos y sensaciones relacionadas con los cinco sentidos principales. Por ejemplo: Dentro del sentido del tacto se observan receptores específicos de la temperatura, la presión, el dolor e incluso la textura. Dentro del oído interno se localiza el sentido del equilibrio, que detecta la inclinación corporal y responde a la gravedad, la aceleración y la rotación. Los receptores del sentido de la vista son distintos con relación a la oscuridad o la claridad. Se incluye también el sentido cinestésico o de propiocepción, mediante el cual se percibe la tensión y el movimiento muscular, permitiendo tener conciencia de la postura corporal

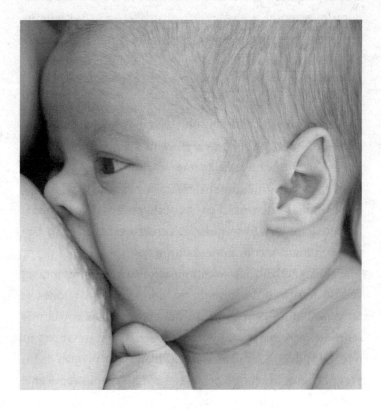

incluso con los ojos cerrados. Hemos de agregar a éstos los denominados sentidos internos, relacionados con los receptores que detectan los estímulos generados dentro del propio organismo. Gracias a los sentidos internos se perciben las sensaciones de sed, hambre, fatiga, dolores internos, desfase horario, etc.

Ahora bien, en cualquier proceso de estimulación se observa que los sentidos siempre actúan de manera conjunta, lo cual indica que ningún estímulo influye sobre un único sentido. Lo visual y lo auditivo despierta como acción refleja al tacto, el gusto y el olfato. De esta manera los sentidos internos y los externos se amalgaman en una fracción de segundo, generando respuestas inmediatas, tanto a nivel consciente como inconsciente.

El tacto

El tacto es esencial para la evolución emocional del niño. De todos los sentidos, el tacto es el más importante, sin él muchas las principales relaciones vitales no serían posibles. Es el primer sentido que se desarrolla y el órgano de la piel, que es el más extenso del cuerpo, está preparado para percibir sensaciones y trasmitirlas al cerebro estableciendo una gran cantidad de conexiones neuronales.

Para las actividades de estimulación la piel representa un valioso territorio de aprendizaje, donde las sensaciones se transforman en conocimiento del entorno. Las zonas más sensibles de la piel se encuentran a lo largo de la columna vertebral, los dedos, las palmas de las manos, las plantas de los pies y la boca. El sentido del tacto permite al niño conocer el frío y el calor, sentir vibraciones como las cosquillas o el dolor o descubrir las diferentes texturas: duras, suaves, blandas, flexibles... Y permite identificar elementos diversos como el agua, la arena, el barro...

La piel actúa como un gran oído que escucha atentamente. Dentro del vientre materno el bebé recibe las vibraciones a través del líquido amniótico y gracias a la piel percibe los tonos emocionales de su madre. Cuando nace necesita sentir proximidad, calidez y ternura, que le tomen en brazos, le acaricien, le den masajes. Su piel le trasmite esas sensaciones que le hacen saber que no está solo, le tranquilizan y le aportan seguridad.

Durante el proceso de desarrollo y crecimiento del niño el tacto evoluciona como un sentido fundamental y necesario para transmitir emociones y sentimientos. En determinadas situaciones sería imposible disfrutar plenamente de la experiencia de la vida si no participasen las caricias, los roces, el abrazo y los vínculos de piel a piel. Esa necesidad de contacto es especialmente importante durante la infancia, incluso niños ya mayores duermen más tranquilos cuando se abrazan a sus peluches preferidos.

El tacto es fuente de salud. Se ha comprobado que cuando los bebés están en brazos, o sienten el contacto de una piel familiar, pueden alcanzar un alto nivel de relajación; su respiración se acompasa, regulan su temperatura y sus latidos se ralentizan. Una vez que descubre sus manos y comienza a utilizarlas para explorar el mundo, el desarrollo del bebé adquiere un ritmo vertiginoso, ya que las manos mantienen una refinada y constante interacción con el cerebro, dentro de un proceso de carácter único en el que convergen: el pensamiento, el desarrollo, las emociones, el lenguaje, el aprendizaje, el comportamiento y la creatividad.

El gusto

Además del sabor y el olor, en el gusto intervienen otras sensaciones. En este sentido se engloban aspectos sensibles que se manifiestan en el momento de tomar algunos alimentos. La temperatura, la textura, el aspecto visual y el hecho de percibir cuatro sabores; salado, ácido, dulce y amargo, hacen que la boca del bebé se transforme en una zona de conocimiento, donde el gusto y el tacto trabajan juntos. Esta posibilidad despierta en el bebé la necesidad de llevarse a la boca todo lo que tenga a su alcance, sin embargo, el sentido del gusto sólo se estimula a través de los alimentos y el primer estímulo del gusto es la leche materna, con la que llegan a él numerosos nutrientes.

La información que recibe el bebé a través del gusto se va ampliando y desarrollando con la edad. Las preferencias cambian y lo que antes le desagradaba puede gustarle unos meses más tarde. Para estimularle hay que ofrecerle variedad, y especialmente no limitarse a lo que los padres crean que le puede gustar, o incluso a los propios gustos. Al margen de la influencia cultural implícita en el gusto, existe la teoría de que los sabores guardan relación con ciertos aspectos del carácter y que van evolucionando con el transcurso del tiempo.

En el sentido del gusto se realiza una comparación que determina las posibles respuestas de rechazo o aceptación de los diferentes sabores. Para los recién nacidos el sabor predilecto suele ser el dulce. Si en lugar de agua se les ofrece una bebida dulce succionan por más tiempo y con menos pausas. Por sus expresiones faciales se puede determinar que los bebés son capaces de distinguir los sabores básicos: cuando saborean el dulce relajan los músculos de la cara, mientras que si prueban un sabor agrio se les fruncen y con los sabores amargos abren la boca con desagrado en forma de arco. Hasta los cuatro meses el sabor salado les resulta indiferente, a partir de allí suelen mostrar aceptación y agrado por éste.

Gracias a este proceso de «evaluación sensorial» de los alimentos, el niño no sólo será capaz de descubrir sus preferencias, sino que también fortalecerá los vínculos con su entorno social, ya que los alimentos representan igualmente la cultura y la sociedad a la que pertenece.

El olfato

Evolutivamente el olfato es el sentido más antiguo y primitivo del ser humano. Los estímulos recibidos a través del olfato son enviados directamente a la corteza cerebral, sin pasar antes por un análisis preliminar. Se ha comprobado que la intensidad afectiva que se puede desencadenar por un olor, es mayor que la que surge ante la visión de una imagen o la escucha de un sonido. De allí que los bebés pueden emocionarse o tranquilizarse al reconocer a su madre por el olfato sin necesidad de mirarla o escucharla.

El olfato está ligado al acto de respirar, lo cual facilita su estimulación, ya que los olores se propagan por el aire y con sólo respirar, el bebé puede llegar a sentir los olores que le ofrecemos. La atracción o repulsión instintiva hacia una comida o incluso hacia una persona en particular puede estar relacionada con los estímulos olfativos, sin que intervenga la voluntad o la conciencia.

A nivel fisiológico los mecanismos de la memoria y el olfato se encuentran íntimamente ligados, por lo que se ha comprobado que el olfato representa un poderoso refuerzo para la memoria, incluso superior a la vista y el oído. Con cada nuevo olor que se almacena en el cerebro del niño se asociarán recuerdos y elementos que han de permanecer en su memoria por un tiempo mayor que el de las imágenes o los sonidos.

Debido a las interconexiones cerebrales de las regiones implicadas en el sentido del olfato y los procesos emocionales, el olfato mantiene una estrecha relación con la vida emocional. Esta característica confiere al olfato un papel primordial en la modulación del comportamiento social y afectivo, de esta manera los olores actúan como señales del medio ambiente, interviniendo de manera inconsciente en las relaciones sociales y afectivas. La estimulación de este sentido ampliará las perspectivas del niño para su evolución afectiva, enriqueciendo su memoria y favoreciendo su capacidad de captación de una información valiosa para su desarrollo emocional.

El oído

El oído es uno de los sentidos más desarrollados al momento de nacer, desde el vientre materno el futuro bebé está familiarizado con la voz y el latido del corazón de su madre, también percibe las ondas sonoras que le llegan del exterior, reaccionando con más atención ante las voces humanas de sus padres y de otras personas.

Como receptor de sonidos: palabras, música, ruidos, susurros... el oído le proporciona al bebé una información determinante para el desarrollo de sus capacidades comunicativas. Por muy simple que parezca una conversación, la entonación con que se pronuncian las palabras va acompañada de impresiones y sentimientos, que a veces se contradicen con el significado literal de las ideas expresadas. Aunque el bebé no comprenda todavía el significado de las palabras, es perfectamente capaz de recibir las vibraciones que acompañan la sonoridad de éstas, por lo que dependiendo del tono en que se le hable, se le puede calmar o alterar, estimularle una sonrisa o inducirle al llanto. Una característica particular del oído es que al estar siempre activo, recibe información constante, incluso cuando el bebé está dormido, por lo que hay que intentar no exponerlo a ruidos intensos o persistentes que puedan inquietarle o alterar su sistema nervioso.

Están más que comprobados los efectos que tiene la música sobre las emociones y estados de ánimo. Al bebé le gusta que le arrullen y le canten, las madres suelen hacerlo desde que lo tienen en el vientre, es también un instinto en ellas. La cadencia de las canciones de cuna actúan como un calmante para la madre y el bebé, al cual le aportan seguridad y bienestar, le recuerdan la tranquilidad de su vida uterina, en que se mecía dentro del vientre de su madre.

La estimulación sonora resulta también imprescindible para el desarrollo del lenguaje en el niño, favorece la imaginación, la imitación y la creatividad. Es importante estar atento a los sonidos que emita el bebé, a través de ellos los padres pueden establecer los primeros diálogos con su hijo. Esas deliciosas conversaciones a base de gorjeos y balbuceos, fortalecen especialmente los vínculos afectivos entre los padres y el bebé, brindándoles la posibilidad pasar momentos divertidos mientras comienzan a conocerse.

La vista

Antes de que el bebé entre en contacto directo con la luz su actividad visual era muy limitada. La oscuridad del útero solamente le permitía distinguir a escasos centímetros de su rostro. Y aunque a partir del cuarto mes de gestación comienza su actividad visual e incluso parpadea, es cuando sale al mundo que la mirada adquiere importancia y comienza a desarrollar sus capacidades visuales.

Al nacer los ojos ya están preparados para la visión, pero el sistema nervioso todavía necesita desarrollarse para el complejo proceso de transformar la información visual. Aunque con una visión borrosa y deficiente, desde el momento del nacimiento el bebé puede ver, percibe la luz y reacciona frente a ella. Además, tiene la capacidad de dirigir y mantener la mirada sobre los estímulos que llaman su atención. Por lo general, durante las primeras semanas, el bebé sólo puede alcanzar una visión un poco más nítida cuando los objetos se encuentran a quince o treinta centímetros de sus ojos.

Poco a poco el sentido de la vista irá madurando durante los primeros meses de vida para saciar su necesidad de explorar su entorno, le divierten los colores intensos y los contrastes, pero lo que más llama su atención son los rostros de las personas. En poco tiempo intentará acompañar la mirada con un movimiento de la cabeza y será capaz de seguir con la vista un movimiento siempre que sea muy lento.

En la estimulación visual hay que tener muy presente la forma de mirar del bebé. Si se le muestra un objeto, éste ha de estar al menos a un palmo de su rostro, y una vez que fije la mirada se ha de mover lentamente hacia los lados, para que intente seguirlo, primero con la mirada y más adelante con la cabeza.

A través de sus ojos el niño comenzará el aprendizaje de las formas, los colores, los tamaños, los gestos, etc., que le permitirán aprender a diferenciar e identificar personas, lugares, objetos, emociones…, porque «ver» implica mucho más que captar imágenes del mundo exterior, la mirada le descubrirá la intensidad de los sentimientos, con la cual se podrá también expresar los diversos matices de sus emociones.

El juego: fuente de placer para la estimulación y el aprendizaje

Jugar es la forma más efectiva y divertida de aprender. Se ha comprobado que el juego tiene una importancia determinante en la evolución cerebral del niño. Ya desde los primeros meses, los bebés disfrutan y retienen información con los juegos. A través de la imitación y la repetición comienzan a desarrollar todos los aspectos que se trabajan con la estimulación: la cognición, la motricidad, el lenguaje, las relaciones sociales, la expresión emocional y la creatividad.

El juego como proceso natural de socialización y adaptación al entorno ha existido desde siempre, además de ofrecer un espacio privilegiado para el desarrollo de las relaciones familiares y sociales, representa la herramienta ideal para el aprendizaje progresivo de las normas y el funcionamiento del mundo.

Para el bebé el primer juguete es su propio cuerpo, mientras que sus padres y hermanos son sus primeros compañeros de juego. Cada nueva sensación o descubrimiento corporal es una sorpresa que le emociona y le estimula a jugar. Cualquier sonido o movimiento puede convertirse en un gran juego. Unos ojos que se cierran y se abren, una mueca que se repite, unos dedos que se mueven mientras escucha una suave canción... en estos primeros meses de vida mientras más simple sean los juegos le será más sencillo aprender de su propio cuerpo y del entorno.

Los niños están siempre dispuestos para jugar, son capaces de transformar cualquier actividad en un juego. Disfrutan plenamente de los momentos que comparten jugando tanto con los adultos como con otros niños. Debido a esa naturaleza inquieta, curiosa e incansable de los niños, las actividades lúdicas resultan ideales para estimularles, además de facilitarles el desarrollo de la concentración y la capacidad de atención, tan necesarias para sus aprendizajes futuros.

Para jugar con el bebé o el niño no se requieren juguetes sofisticados o juegos con muchas normas. Mientras más sencillos mejor. Lo importante es eliminar la barrera entre el pensamiento adulto y el infantil para descubrir la fascinación por la repetición. En los primeros años los niños no se cansan de repetir un mismo juego, escuchar el mismo cuento o canción, les encanta repetir una tras otra las pequeñas dinámicas establecidas como juego. Esta repetición, lejos de aburrirles les permite potenciar la memoria y les aporta seguridad.

Al jugar es importante respetar el ritmo del niño y estimular la necesidad que tiene por experimentar y conocer, animarle en sus ocurrencias o en sus propias iniciativas, sin limitar su imaginación. Jugar es consentirle ser, guiarle y ofrecerle el apoyo necesario para que se descubra, disfrute y aprenda de la experiencia.

Otro aspecto fundamental del juego infantil es la imitación. Los niños juegan y aprenden del mundo imitando a los adultos, para ellos imitar es una manera de intentar comprender. La imitación les facilita la expresión inconsciente de sus emociones. Aproximadamente a partir de los dos años, comienzan a desarrollar la fantasía y una gran fascinación por el juego simbólico. Esta forma de juego les permite reproducir y experimentar las acciones de sus modelos adultos. Desde su perspectiva infantil, representan los diferentes roles que observan en su entorno, siendo también una manera de jugar a interactuar socialmente.

Cuando el niño juega solo, el espacio imaginario que construye mientras juega le permite, de manera segura, ensayar sus propias capacidades, expresar sus sentimientos e incluso resolver sus conflictos. Cuando juega con otros niños aprende la importancia de saber compartir, la necesidad de respetarse mutuamente y de asumir las normas del juego.

El juego para el niño es una necesidad, por lo que nunca ha de convertirse en una obligación. Jugar no es perder el tiempo, es aprovecharlo de la mejor manera, es un placer a través del cual aprende a ser competente y responsable. En la conciencia infantil el juego es un método de adiestramiento y desarrollo, con el que aprende a descubrir y dominar un amplio abanico de capacidades. Cuando los padres valoran la importancia del juego y se integran en los juegos de sus hijos, han de hacerlo con alegría y entusiasmo. Para los niños el estado emocional de sus padres es determinante, por lo que si ven a sus padres divertirse le estimulará a desarrollar el sentido de la diversión, y de pasárselo bien juntos. El juego entre padres e hijos fortalece las relaciones familiares, favorece el equilibro emocional y aporta significativos recuerdos para su memoria afectiva.

El desarrollo emocional

El llanto del bebé es la primera expresión emocional. Para él todas las nuevas situaciones a las que tiene que acostumbrarse repentinamente vienen acompañadas de estímulos constantes que alteran su estado emocional. Las caricias, las voces que le hablan, los cambios de temperatura, la sensación de hambre, los ruidos, los tejidos que le envuelven, incluso la atracción de la gravedad de la tierra, que le hace percibir por primera vez el peso de su pequeño cuerpo, representan sensaciones intensas que le despiertan sus primeras emociones, reconocidas como las emociones básicas: la rabia, el miedo y el amor.

El comienzo de la vida emocional del bebé se inicia como una respuesta a lo que recibe de ese medio que todavía desconoce. Cuando los padres atienden y acompañan sus necesidades emocionales, le ofrecen la oportunidad de crecer sin

miedo, adquirir confianza y autoestima. El afecto y el respeto que recibe de su entorno familiar durante la infancia son determinantes para alcanzar un desarrollo emocional saludable.

Cuando todavía no sabe hablar, el bebé se expresa emocionalmente a través del llanto. Con las primeras pataletas mostrará su rabia y disconformidad, a los pocos meses comenzará a sonreír y más adelante será capaz de reír a carcajadas. Descubriendo la felicidad, se divierte y experimenta mucha emoción. Cuando el bebé se altera emocionalmente, sentir el tacto amoroso y envolvente de sus padres le ayuda a desarrollar la capacidad de recuperar su bienestar. Lo más importante

para el bebé, en esos momentos en que expresa desinhibida-
mente sus emociones, ya sean positivas o negativas, es sentirse escuchado, ver que sus padres intentan interpretar sus
necesidades y comprender lo que le sucede. El afecto con que
es atendido le ayuda a darse cuenta de que todo va bien y
entonces será capaz de recuperar su equilibrio emocional, sin-
tiéndose comprendido y acompañado en cada momento.

Aunque existen variantes en la frecuencia, duración e intensidad en las expresiones emocionales del bebé y el niño, la conducta emocional infantil es bastante predecible. En determinadas situaciones son capaces de pasar del llanto a las risas, o de
la rabia al cariño en cuestión de minutos. A medida que crecen
y van aprendiendo y diferenciando las emociones que les asal-
tan, comienza a disminuir la intensidad de sus expresiones
emocionales. Estos cambios están directamente relacionados
con la evolución intelectual del niño y especialmente con los
modelos de referencia que tiene en casa. Cuando el niño vive
en un entorno de armonía, cuando sus padres le estimulan la
comunicación, el respeto y la escucha, poco a poco va encontrando un cauce para canalizar sus emociones y su manera de
expresarlas sanamente.

Durante las primeras etapas de desarrollo, los niños son
particularmente susceptibles a los cambios del entorno y de
las circunstancias que les rodean: el comienzo en la guardería o la escuela, las relaciones fuera de casa, el nacimiento de
un hermano, una mudanza, la separación de sus padres, etc.,
son situaciones que inevitablemente generan alteraciones
emocionales en los niños. También puede darse que el niño
aprende a inhibir o controlar sus reacciones emocionales, en

estos casos es importante estar atentos para estimularles a recuperar su expresión emocional, de lo contrario lo harán de forma indirecta, a través de una conducta inquieta, problemas en el aprendizaje, posturas corporales inadecuadas, dificultad de conciliar el sueño, entre otras.

Las actividades de estimulación temprana actúan directamente sobre los tipos de aprendizajes que facilitan el desarrollo emocional durante la niñez, a la vez que ofrecen al niño un tiempo y un espacio para estar con sus padres, expresarse, divertirse, sentir la seguridad y el arraigo que necesita para restablecer su centro emocional y recuperar su equilibrio. Cuando los niños están acostumbrados a las actividades de estimulación, es importante mantenerlas durante las diferentes etapas de cambios y desarrollo que se suceden durante la infancia. Estos momentos de encuentro y diversión, representan un inestimable valor para el bienestar emocional de la familia.

El florecer del intelecto

Aunque en apariencia el bebé llega al mundo desamparado y muy limitado en sus facultades intelectuales. En realidad está dotado de capacidades sorprendentes, tanto biológicas como sociales. A pocos minutos de estar en el mundo comienza a mostrar los instintos adecuados para iniciar una relación de aprendizaje con el entorno.

Científicamente se ha comprobado que dentro de su pequeño cerebro y el bebé puede llegar a tener de 100.000 a 200.000 millones de neuronas, de manera que ya trae todo el potencial necesario para desarrollar su inteligencia. Con ese potencial, lo que fisiológicamente necesita para madurar su intelecto son conexiones neuronales. Mientras más calidad y variedad de estímulos reciba el bebé, más cuantiosa y extensa será su red de circuitos neurológicos, gracias a las cuales será posible el desarrollo pleno de sus capacidades cognitivas, sociales y emocionales.

Desde la primera respiración el bebé comienza a desarrollar su inteligencia natural, la que necesita para sobrevivir. Los primeros reflejos y percepciones son el punto de partida para el desarrollo cognitivo del niño, que va experimentando acciones y perfeccionando conductas como respuestas a los estímulos que recibe. Para poder alcanzar sus máximos potenciales cognitivos en cada etapa de su crecimiento, el bebé ha de tener cubiertas todas sus necesidades básicas, dentro de un clima que le aporte confianza y seguridad.

Según los nuevos planteamientos en las teorías sobre la inteligencia, los conceptos de inteligencia dinámica e inteligencias múltiples han significado un valioso aporte para el desarrollo de éstas. Gracias a estas concepciones entendemos que es posible estimular la inteligencia ya que ésta cambia y evoluciona (inteligencia dinámica). Además, la estimulación también puede ser canalizada hacia el desarrollo cognitivo de las diferentes áreas: corporal-kinestésica, visual-espacial, lingüística-musical, lógico-matemática, social, naturista y emocional (inteligencias múltiples).

La inteligencia no se encuentra aislada del proceso de maduración infantil, está directamente relacionada con los cambios biológicos, las relaciones sociales y principalmente al desarrollo emocional y afectivo, por lo cual, el afecto, los mimos, y la armonía que reciba del entorno, representan las bases más sólidas para su óptimo desarrollo.

Suele suceder que la estimulación y la educación infantil se centra particularmente en el desarrollo de las inteligencias relacionadas con el aspecto racional, prestando menor importancia a las áreas corporales y emocionales, dando lugar a lo que podríamos describir como desconocimiento corporal e ineptitud emocional. Si se es conciente de la importancia que tienen estos aspectos en la vida de la persona, resulta imprescindible tener en cuenta las áreas corporal y emocional para asegurar un desarrollo integral del niño. Independientemente de sus inclinaciones, talentos o hacia cual de los diferentes tipos de inteligencia se inclina, el equilibrio emocional dentro de un cuerpo saludable le asegura en gran medida el bienestar que necesita para disfrutar de su existencia.

En el momento que nace el bebé está fuera del alcance de sus padres conocer cuáles son sus capacidades genéticas o sus inclinaciones intelectuales, lo cual no representa un motivo de preocupación. Lo que sí han de conocer, es que proporcionarle oportunidades para divertirse aprendiendo, acompañado del buen humor, dentro de un ambiente emocionalmente sano, lleno de afecto y rico en valores culturales, les facilitará en gran medida reconocer sus sentimientos, crear hábitos mentales, incrementar las habilidades y desarrollar sus capacidades intelectuales para seleccionar sus intereses y alcanzar sus propósitos en la vida.

Las relaciones sociales

La total dependencia del bebé con respecto a sus necesidades limita sus posibilidades de socializar y hace que todo su mundo gire alrededor de quienes le cuidan. Para que se lleve a cabo el proceso natural de socialización es necesario que el bebé adopte los elementos socioculturales que le aporta su entorno para luego integrarlos a su personalidad y así poder relacionarse socialmente. Dentro de este proceso el niño irá aprendiendo a distinguir entre las conductas aceptables o inaceptables socialmente.

Las primeras relaciones las establece con sus padres, ellos son sus compañeros de juegos y sus primeros maestros. Gracias a su familia su mundo social se expande, y es durante la infancia cuando el proceso de socialización adquiere mayor significado.

Para alcanzar una madurez social el niño ha de aprender las normas de comportamiento apropiadas a las diferentes circunstancias sociales. Los adultos que cuidan al niño juegan un papel determinante en este aprendizaje, ya que representan los modelos que él intentará imitar. Sin embargo, el proceso de socialización que comienza en el hogar durante los primeros años, continuará desarrollándose a partir de las nuevas influencias que reciba de los diferentes ambientes a los que se ha de enfrentar el niño en su educación, la guardería, la escuela, las nuevas amistades, etc.

Estimular la adaptación social no es sólo motivar al niño a relacionarse y socializar, implica principalmente mostrarle el comportamiento adecuado y las actitudes apropiadas para establecer sus relaciones. Incluso desde los primeros meses, cuando los bebés comienzan a socializar y compartir, la atención que reciben de sus padres les facilitará evitar o manejar los conflictos que puedan presentarse.

Ni demasiadas normas ni demasiados permisos, ni muy implicados ni muy despreocupados, ambos extremos resultan limitantes. En la educación de las actitudes sociales es importante encontrar el término justo de las pautas y medidas, para permitir al niño desarrollar una personalidad sociable y natural.

Aunque las primeras reacciones de socialización comienzan durante los primeros meses, cuando el bebé comienza a distinguir las caras y a establecer diálogos con las expresiones faciales y con el contacto visual. La estimulación de la vocalización y el lenguaje resulta particularmente importante para el desarrollo de las relaciones sociales. Conforme aumentan sus habilidades vocales, los bebés comienzan a buscar por este medio la atención de las personas que les rodean. Descubren que con sólo balbucear o emitir un sonido repetidamente pueden entablar una «conversación».

Otra importante revelación de sus capacidades sociales es la sonrisa. Una vez que descubren su capacidad de sonreír, no sólo disfrutan al ver que sus sonrisas pueden ser el centro de atención de los adultos, sino que también comunican sus emociones y comparten su felicidad. De la misma manera el llanto puede resultar una vía para comunicarse socialmente y expresar su estado de ánimo, aunque en algunas ocasiones llegue a utilizarlo como elemento de manipulación.

A medida que el bebé crece se observa que va desarrollando una actitud de cautela hacia las personas que desconoce. Así como puede demostrar gran alegría al encontrarse con alguien ya conocido, es posible que exprese mucho temor ante los extraños. Este comportamiento, lejos de indicar una conducta antisocial, representa una fase natural de cautela y autoprotección del bebé. Si bien es cierto que hay niños que se van en los brazos de cualquiera, no hay que desestimar los mecanismos de seguridad que muestra el niño, siempre y cuando no se transformen en corazas o signos de aislamiento del entorno social.

Socializar significa establecer relaciones sociales sanas. Junto a sus padres el niño comienza a moldear su personalidad. Mientras unos niños se muestran tímidos otros pueden ser extremadamente desinhibidos, lo importante es que sea cual sea el carácter inicial del niño encuentre el apoyo de sus padres para aprender a desarrollar una personalidad segura, capaz de relacionarse socialmente, compartir y disfrutar de la compañía de otras personas. Al igual que en los demás aspectos de la evolución infantil, el amor, el cuidado, la atención y la seguridad que reciban de su entorno familiar durante la infancia, reforzará los valores familiares y el comportamiento social.

La imaginación y la creatividad

La creatividad es una cualidad congénita, natural y amplia, que resulta extremadamente delicada durante la infancia, ya que si no se estimula adecuadamente puede llegar a inhibirse desaprovechándose gran parte de su potencial. Afortunadamente resulta muy sencillo estimularla dentro del ámbito familiar, brindándoles además a los padres una oportunidad de compartir con sus hijos, a la vez que se divierten y mantienen activa su propia creatividad.

Para el bebé cada nueva situación representa una aventura a la que se enfrenta con la única herramienta que ha traído, su intuición innata y su naturalidad. El bebé no se cuestiona lo que tiene que hacer o como tiene que responder a los estímulos que le llegan del exterior, simplemente reacciona con la espontaneidad que le caracteriza. Descubrir el mundo le lleva a despertar su curiosidad, todo lo que sucede a su alrededor, desde las acciones más simples hasta las circunstancias más complejas, impulsan la evolución del bebé y le muestran la infinita variedad de elementos que componen al mundo.

La creatividad no es sólo la capacidad de inventar, implica también utilizar los recursos que se tienen y encontrar distintas soluciones a los problemas. Para comprender el proceso que guía la estimulación de la creatividad hay que tener presente que existen dos clases de pensamiento para encontrar respuestas o soluciones: El pensamiento convergente y el pensamiento divergente. El pensamiento convergente es el que se utiliza para situaciones o planteamientos que tienen una única respuesta correcta. Mientras que el pensamiento divergente, también conocido como pensamiento creativo, es el que se utiliza cuando existen muchas posibilidades y respuestas válidas. De manera que para estimular la creatividad, es importante plantear actividades abiertas, que permitan la participación de la imaginación y el pensamiento creativo.

Cuando al bebé se le muestran objetos sencillos, se le acompaña con música o se le canta, cuando se le mece en los brazos, se juega con sus manos o sus pies, etc., se despierta su receptividad, que es la primera capacidad que necesita para desarrollar la creatividad. Si el bebé crece receptivo a su entorno podrá descubrir la diversidad que le rodea, enriquecer sus experiencias y ampliar sus conocimientos. Mientras más variedad de información sensorial recibe, más dispositivos tendrá para elaborar respuestas, pero sobre todo tendrá más material para desarrollar su imaginación.

La imaginación es también una actividad creativa, que se desarrolla principalmente durante el juego, a través de la cual los niños elaboran su propia versión del mundo. Tanto la imaginación como la creatividad guardan una relación directa con la calidad y la diversidad de experiencia acumulada por el niño. Ambas cualidades se apoyan en la memoria, ya sea consciente o inconscientemente hacen uso de los datos que encuentran en sus recuerdos. Mientras más aprende y experimenta el niño, más elementos tiene para crear y ser capaz de jugar con su imaginación.

Es alrededor de los dos años cuando los niños comienzan a procesar su imaginación y representar su mundo interior. De manera natural el niño necesita explorar, probar nuevas experiencias. Su curiosidad aumenta con cada descubrimiento y por cada cosa que descubre aumentan sus posibilidades de crear.

El proceso creativo sucede entre el pensamiento y la acción, generalmente acompañado de la imaginación, la curiosidad, la experimentación y la investigación. En muchos sentidos la propia naturaleza del niño le impulsa a buscar y enfrentarse cada día a nuevos retos. Los padres han de acompañarle y facilitarle este proceso. Estimular el desarrollo de su creatividad es asegurarle crecer con una mente abierta, capaz de encontrar alternativas ante situaciones adversas. Cuando el potencial creativo encuentra el camino para desarrollarse, el niño adquiere confianza en sí mismo, se siente capaz de expresar libremente sus sensaciones y sentimientos, disfruta compartiendo con los demás y enriquece la personalidad que le acompañará durante su vida.

Segunda parte

Introducción

El objetivo de clasificar por edades las etapas del desarrollo infantil sólo busca proporcionar datos generales del crecimiento y evolución del niño. Es importante aclarar que cada bebé y niño tiene sus propios ritmos de crecimiento. Las pequeñas diferencias que suelen observarse en las fases del desarrollo infantil no representan una señal de mayor o menor inteligencia del niño.

La relación propuesta entre las edades y las fases de desarrollo, han de entenderse como medidas estadísticas relativas. Cada bebé es un mundo, algunos caminan muy pronto mientras otros se interesan más por hablar, todo depende de sus propios intereses. Desde que nacen, los bebés ya muestran los primeros rasgos de su personalidad, a través de la cual establecen su comportamiento y su forma particular de comunicarse y adaptarse al mundo.

Primero, segundo y tercer mes

Al nacer

✔ El bebé le gusta mantener la posición que tenía en el útero materno.

✔ Tiene más tono muscular en brazos y piernas que en la cabeza y el tronco. Mantiene los codos doblados y tiende a cerrar las manos en puño, por el reflejo primario de presión.

✔ El recién nacido manifiesta mucha sensibilidad con los sonidos que le relajan, como la música suave, la voz de su madre, cuando le susurran. Por el contrario cuando percibe ruidos fuertes se exalta y se perturba.

Los primeros días

✔ Tiene cerrados los ojos casi todo el tiempo, y frunce los párpados cuando aumenta la luz o si escucha un sonido agudo.

Durante el primer mes

✔ El bebé no soporta ser estimulado en exceso. Es muy susceptible a los estímulos fuertes, todavía no percibe con claridad la diferencia entre él y el entorno. Es recomendable mantener un ambiente tranquilo en el hogar, para asegurarle al bebé la tranquilidad que necesita.

Hacia la cuarta semana

✔ Aunque no tiene expresión en la mirada, puede fijar la vista por algunos instantes en rostros u objetos, pero sólo percibe los contornos a unos 30 cm de distancia. Es capaz de seguir un objeto que se desplace hasta 90° y mostrar interés por la proyección de la luz. Dirige la mirada hacia los lugares que están más iluminados.

✔ El rostro de su madre es lo que más le estimula visualmente. Se queda mirándola intensamente y sonríe mientras mama.

✔ Tiene desarrollado el sentido del gusto y su sabor preferido es el dulce. Gracias al reflejo natural de succión, si se le acerca el dedo cubierto de miel, comenzará a chupar con un movimiento rítmico en los labios.

✔ Se comunica a través del llanto. Emite sonidos guturales y a pesar de no entenderla, escuchar a su madre le estimula y le tranquiliza.

A partir del segundo mes

✔ Cuando se le coloca en posición sentada, el bebé endereza ligeramente la espalda y por un instante es capaz de mantener la cabeza erguida. Disminuye el reflejo de presión y mantiene por más tiempo las manos abiertas.

✔ Se muestra más receptivo en el momento del baño y ante las sensaciones sobre la piel. Le gusta que le vistan con ropas cómodas de tejidos suaves.

✔ Es capaz de fijar la mirada y si está tendido puede seguir a una persona de un lado al otro de la cama (180°). Presta

atención por más tiempo a los objetos de contornos definido y a las luces y le atraen especialmente los colores vivos.

✔ Localiza el origen de los ruidos y le interesan los sonidos
diversos.

✔ Socialmente es más activo y comunicativo, más despierto.
Emite sonidos vocales, *eeeee, ooooo, aaaaa*, que normalmen-
te manifestan bienestar. Es el momento para estrenar su sonrisa. Sonríe a la madre, al padre y a los rostros familiares.

✔ Cuando tiene sus necesidades básicas satisfechas, el bebé es
más participativo y dispuesto a los juegos de estimulación.

A los tres meses

✔ Al sentarle mantiene la cabeza erguida, la espalda y el cuello más firmes, aunque la región lumbar aún es débil. Al
estar acostado boca abajo es capaz de levantar la cabeza
por varios minutos.

✔ Abre y cierra las manos pero todavía no puede coger los
objetos. Por el reflejo de presión involuntaria o de contacto logra retener algunos juguetes pequeños por segundos.

✔ Combina el movimiento de la cabeza con la vista. Para
seguir un objeto en movimiento es capaz de girar la cabeza.

✔ Empieza a mostrar interés por su cuerpo. Descubre sus
manos y se embelesa con ellas. Desplaza la mirada de un
objeto a otro, según su interés.

✔ El bebé ya disfruta con el decorado de su habitación. Le
gusta mirar los móviles con figuras simples y colores lumi-
nosos. Le atraen los pequeños juguetes y los adornos
infantiles que tiene en su entorno.

✔ Ya puede diferenciar entre los sonidos y las voces. Gira la cabeza hacia el lugar donde escucha un sonido. Muestra interés por el lenguaje y le gusta que le hablen.

✔ Disfruta de la fonética. Balbucea y usa las consonantes; *k, g, r…* poco a poco la *p* y la *b*, que le resultan más difíciles.

✔ Llora menos y busca otras formas de comunicar. Expresa su alegría con pequeños gritos y ríe con mucha energía. Puede seguir el juego de la comunicación con muecas y se muestra feliz de que rían con él.

Al término de los tres primeros meses

✔ El bebé puede distraerse por un rato sin compañía. Le gusta descubrir por sí solo el mundo que tiene a su alcance. Escuchar sus propios balbuceos y jugar con los sonidos que ya sabe hacer le mantiene ocupado por varios minutos.

✔ Es más sociable. Se le nota más cercano a su entorno y está dispuesto a ser estimulado. Le gusta jugar en familia y es consciente de la alegría que transmite.

✔ En esta etapa comienza a probar nuevos alimentos. El momento de la comida es ideal para socializar. Hay que mantener el buen humor y acompañarle en el descubrimiento de los nuevos sabores y sensaciones. Es importante no forzarle cuando no muestra apetito por algún alimento.

✔ Se comunica con su cuerpo. Cuando no quiere que le acuesten, se agita o intenta incorporarse mostrando crispación. Gira la cabeza o cierra la boca si no quiere comer más.

✔ Manifiesta con más precisión lo que desea y su llanto es más intencionado.

✔ Ya lleva un horario más regular, por lo que es un momento ideal para desarrollar hábitos en los períodos de actividad y de descanso. Mantener un horario en las rutinas y actividades diarias, le aporta seguridad al bebé y le facilita el conocimiento de su entorno.

✔ Es capaz de sostener por largo rato pequeños objetos en sus manos. Disfruta llevándoselos a la boca y si emiten algún sonido, mejor. Para él es una manera de percibir a través de su cuerpo. Ofrecerle juguetes que pueda llevarse a la boca, suaves, de formas redondas y que tengan sonido puede ser una expresión enriquecedora.

✔ En general aumenta considerablemente su tiempo de atención, lo cual representa un adelanto favorable para los juegos y actividades de estimulación.

ELEMENTOS Y JUGUETES RECOMENDADOS PARA ESTA ETAPA

✔ Decorar la habitación del bebé con colores alegres y llamativos, objetos infantiles de formas simples.

✔ Es importante no recargar la habitación ya que en los primeros meses el bebé no acepta demasiada estimulación.

✔ Colgar algún móvil con figuras sencillas de diversos colores, que esté al alcance visual del bebé, puede incluso tener una música suave.

✔ Sonajeros o cajas de música.

✔ Pequeños animales de plástico o de tela.

ACTIVIDADES DE ESTIMULACIÓN

Relajar la espalda (masaje)

Con el bebé tumbado cómodamente boca abajo, puede ser en la cama o sobre tu regazo. Suavemente coloca tus manos sobre sus hombros para deslizarlas hacia abajo. Realiza los deslizamientos de manera alterna por ambos lados de la espalda: comienzas a bajar con una mano y cuando llegues a las caderas, comienzas con la otra al tiempo que regresas con la mano inicial a los hombros para continuar los movimientos de forma coordinada.

Consejos

El momento ideal para el masaje es después del baño. Tener cuidado con las uñas para evitar molestias en la piel de bebé.

Para aplicar el masaje utiliza el aceite o la crema hidratante que habitualmente se le aplica al bebé. Alcanza toda la espalda del bebé, pudiendo incluso seguir hasta las piernas. Haz el masaje con ternura y serenidad. Háblale mientras le das el masaje o cántale una canción de cuna.

Beneficios
Relaja la musculatura de la espalda. Regula el sistema nervioso. Estimula los órganos internos. Estimula la percepción corporal del bebé.

La media luna

Coloque una toalla sobre la cama o sobre una superficie firme y segura. Tienda al bebé boca arriba en el centro de la toalla. Coja la toalla por un extremo y lentamente empiece a levantarla, hasta que el bebé comience a girar hacia el lado. Cuando éste se encuentre casi de costado, afloje la toalla y bájela lentamente, hasta que el bebé regrese a la posición de partida. A continuación coja el otro extremo de la toalla y realice el mismo movimiento hacia el otro lado. Si es posible hágalo de 3 a 6 veces por cada lado.

Consejos
Mantenga el contacto visual en todo momento con el bebé. Realice el balanceo de la media luna, lentamente, con confianza y seguridad. Háblale al bebé con un tono animado: «Hacemos la media luna hacia un lado y volvemos otra vez… ¡como una rueda al revés!».

Beneficios

Tonifica la musculatura de la espalda. Moviliza la columna vertebral. Estimula las funciones del sistema nervioso con armonía.

Espejo, espejito

El espejo es un elemento que estimula el interés del bebé. Aporta luz y brillo además de ser un factor de sorpresa visual, por lo cual representa un excelente estímulo...

Consejos

Ha de ser un espejo irrompible. Coloca el espejito cerca de la cuna a unos 25 cm aproximadamente, para que el bebé pueda alcanzarlo con sus manos. También se pueden poner 3 o 5 espejitos pequeños colgados de la cuna para que brillen.

Beneficios

Estimula el sentido de la vista. Despierta el interés por tocar lo cual favorece el desarrollo motriz.

Mariposas en el pecho (masaje)

Con el bebé tendido boca arriba, realiza un deslizamiento con las palmas de las manos, desde la boca del estómago (plexo solar), hasta el centro del pecho y abre hacia los lados con suavidad y ternura. A continuación envuelve el tórax del bebé y desliza los dedos por debajo del pecho con un roce hasta el punto de partida. Como si estuvieses dibujando las alas de una mariposa.

Consejos

Mantén el contacto visual con el bebé. Utiliza la crema o aceite que habitualmente usas para después del baño del bebé. Háblale mientras realizas el masaje: «La mariposa abre sus alas, la mariposa vuela con suavidad entre las nubes...».

Beneficios

Aumenta la capacidad respiratoria. Relaja la musculatura del pecho. Tonifica la motricidad en la apertura de los brazos.

Girar suavemente

Siéntate cómodamente, con la espalda apoyada y relajada, las piernas estiradas y separadas. Coloca al bebé tendido boca abajo sobre tu regazo. Sujeta al bebé con ambas manos. Una en la cabeza y la otra en sus nalgas. Empuja al bebé lentamente y con suavidad, de modo que gire sobre tu abdomen y muslo, en forma de rodillo, hasta que quede boca arriba.

Consejos

Es necesario que este ejercicio se realice por ambos lados. Si realizas el movimiento sobre tus muslos, coloca sobre éstos una manta doblada, para dar soporte al bebé. En todo momento sostén la cabeza del bebé con suavidad. Háblale con ternura o cántale mientras los vas girando.

Beneficios

Fortalece los músculos de la espalda. Moviliza la columna vertebral. Estimula el sistema nervioso y la motricidad.

Flotar en el aire

Tiéndete cómodamente con las piernas flexionadas y los pies juntos. Tumba al bebé boca abajo sobre tus piernas, cogiéndolo por los brazos. Levanta las piernas, de modo que éstas formen un ángulo con los muslos. Abre los brazos del bebé al tiempo que llevas tus rodillas hacia el pecho, aproximando el bebé hacia ti. Seguidamente baja con lentitud las piernas, alejando al bebé de tu rostro y a continuación vuelve a subir las piernas, como si el bebé volara.

Consejos

Mantén el contacto visual en todo momento. Háblale con ánimo o improvisa una canción que acompañe los movimientos. Coloca una almohada o cojín para que descansar tu cabeza y evitar tensión en el cuello y en la espalda.

Beneficios

Aumenta el enfoque visual del bebé. Mejora la función motriz por el desplazamiento. Estimula el buen humor. Aporta seguridad y confianza. Fortalece los abdominales de mamá o papá.

El péndulo sonoro

Con el bebé tendido boca arriba, haz sonar un elemento como: el sonajero, campanitas, etc. Colócalo inicialmente frente al bebé y observa cómo reacciona. Seguidamente desplaza lentamente el elemento sonoro hacia un lado y hacia el otro, como si se tratara de un péndulo.

Consejos

Lleva el movimiento oscilante despacio y dale tiempo al bebé para seguir con la mirada el objeto. Escoge elementos sonoros sencillos, que produzcan un sonido más bien suave y delicado. Observa si el bebé muestra interés y cuando se canse detén el movimiento, háblale con ternura y cógelo en brazos.

Beneficios

Estimula el sistema nervioso y el sentido auditivo. Despierta su capacidad de atención. Activa la capacidad motriz y la relación con el entorno.

Móvil colgante

Haz un móvil colgante con figuras sencillas, de colores alegres y contrastantes: rojo, negro, blanco, amarillo, magenta.

Consejos

Para construir el móvil colgante puedes recortar formas simples en cartulinas de colores, o también puedes colgar pequeños animales o juguetes de plástico, que sean de colores sólidos. El tamaño de las formas que escojas para el móvil que sea lo suficientemente grande para que llamen la atención del bebé. Cuelga el móvil cerca de la cuna de manera que quede a unos 30 cm del bebé para que pueda mirarlos.

Beneficios

Favorece la movilidad de los músculos oculares y la motricidad de la cabeza. Estimula la capacidad de visión y distrae al bebé.

La luna en la barriguita (masaje)

Con el bebé tendido boca arriba en una superficie cómoda y segura. Coloca suavemente la palma de la mano en su barriguita y comienza a realizar roces suaves dibujando círculos alrededor del ombligo, siempre en el sentido de las agujas del reloj. Comienza con movimientos más amplios y progresivamente ve cerrando los círculos.

Consejos

Mantén el contacto visual con el bebé. Utiliza la crema o aceite que habitualmente usas para después del baño del bebé. Cuida de tener las uñas cortas y las manos sin asperezas. Háblale mientras le das el masaje o cántale una canción que le tranquilice.

Beneficios

Mejora las funciones digestivas. Relaja el sistema nervioso. Estimula la motilidad intestinal. Alivia cólicos y el estreñimiento.

Punto para aliviar los cólicos (digitopresión)

Colocando tu pulgar y el dedo índice a modo de pinza, presiona suavemente la zona carnosa de la mano que se encuentra entre el pulgar y el dedo índice de la mano del bebé. Mantén la presión unos segundos. Primero en una mano y luego en la otra.

Consejos

Combina las presiones con el masaje en la barriguita. Cuida de tener las uñas cortas y sin asperezas. Realiza las presiones de dos a tres veces al día. Mientras presiones respira con regularidad. Acompaña al bebé y mantén la calma en los momentos en que tiene los cólicos. Ayúdalo con suavidad a expulsar los gases.

Beneficios

Favorece los procesos de la digestión. Alivia los cólicos y reduce la intensidad de los mismos.

Puntos para la armonía interior (digitopresión)

Presiona suavemente el punto de la Armonía Interior que se encuentra en el lado interno de la pierna por encima del tobillo y a unos 5 cm de éste. Realiza la presión primero en una pierna y luego en la otra.

Consejos

La presión ha de ser muy suave. Cuida de tener las uñas cortas y sin asperezas. Este punto es recomendable presionarlo de día. Se puede aplicar varias veces durante el día. Por instinto mecánico el bebé suele dar pataditas, estos movimientos naturales del bebé no se deben impedir, hay que permitirle que se mueva libremente.

Beneficios

Las presiones en este punto favorecen las funciones internas del organismo. Regulan los estados de ánimo. Fortalecen el sistema inmunitario y tonifican la energía motriz.

La pelota se balancea

Realiza un colgante con un cordón de unos 30 cm y una pelota pequeña. Cuando el bebé este despierto y activo, muéstrale la pelota sosteniéndola por el cordón a unos 25 cm de la cara del bebé. Una vez que fije su atención en ésta, desplázala muy poco a poco hacia diferentes lados, siempre que estén dentro del ángulo visual del bebé y pueda seguirla con la vista.

Consejos

Preferiblemente escoge una pelota sin decoraciones, de un color sólido y llamativo.

Beneficios

Estimula la capacidad de observación del bebé. Tonifica y favorece la movilidad de los músculos oculares. Estimula el órgano de la visión y el sistema nervioso.

Cuartro, quinto y sexto mes

En el cuarto mes

✔ Al estar sentado puede mantener la cabeza erguida. Sostiene bien a espalda y el cuello. Tendido boca abajo ya es capaz de levantar la cabeza y el tórax. Acostado sobre su espalda intenta girar hacia un lado.

✔ Se le observa mayor habilidad en las manos, utilizando ambas indistintamente. Junta las manos e intenta tomar los objetos con ambas manos. Si algo se le cae de las manos lo busca con la mirada. Continúa llevándose los objetos a la boca. Se chupa mucho las manos y los dedos.

✔ Aumenta notablemente su capacidad visual. Ya distingue los detalles y puede mantener el interés visual por más tiempo.

✔ Identifica claramente los sonidos que le son familiares. Gira la cabeza hacia donde le hablan.

✔ Cuando balbucea se le escucha más entonación. Entabla conversaciones asociando sonidos vocales con consonantes. La vocal u suele ser la más utilizada: muuu, puuuu.

✔ Mientras más se le habla más adelanta en su pronunciación. Puede llegar a mantener el interés vocalizando e intercambiando sonidos por unos 25 minutos. Expresa su alegría entre gritos y risas.

✔ Los alimentos más sólidos favorecen el fortalecimiento de los músculos implicados en la pronunciación.

✔ Muestra interés por los juguetes, pero lo que más disfruta es jugar con su familia. Busca novedades y necesita atención para jugar los adultos o los niños que le acompañan. Hace un esfuerzo por comunicarse.

A los cinco meses

✔ El cuerpo del bebé es más firme. Es muy activo. Cuando está boca abajo levanta brazos y piernas apoyándose en el tórax. También puede levantar la cabeza y parte del tórax apoyándose en los antebrazos. Estando acostado, intenta cambiar de posición. Si se le quiera sentar se incorpora levantando la cabeza e impulsando sus piernas. Cuando se le sostiene de pie, se mantiene bastante firme y comienzan los movimientos de pedaleo.

✔ Este es el mes de la independencia manual y la presión voluntaria. Puede coger los objetos que le interesan y empieza a diferenciarlos de él mismo. Tiende la mano para coger lo que se le ofrece. Utiliza una presión palmar sin precisión, tomando los objetos entre la palma y los dedos medio, corazón y meñique. Esta nueva capacidad de agarre le lleva a querer tocar todo lo que tiene a su alcance.

✔ La posición boca abajo le facilita el desplazamiento y le amplia el terreno de exploración. Los intentos por girar y cambiar de posición le fortalecen la musculatura de la espalda.

✔ Su visión ya es precisa.

✔ Las vocalizaciones se mantienen como en el cuarto mes, pero muestra más interés en las diferentes entonaciones y observa detalladamente la boca de quien le habla. Auditivamente su interés se focaliza en las voces y en el lenguaje. Cuando se le presta atención a lo que verbaliza, se le estimula a hablar. Es importante hablarle o cantarle en todas las actividades, le ayudará a relacionar palabras con acciones.

✔ Es el momento de mostrarle su propia imagen. Si se le coloca un espejo delante muestra curiosidad y sonríe aunque no se reconozca.

✔ Es posible que las nuevas experiencias le quiten un poco el sueño. Prefiere estar despierto para no perderse nada. Busca estímulos y exige mucha atención.

Al llegar a los 6 meses

✔ Tendido boca abajo ya se apoya en sus manos, levanta el cuerpo hasta la cintura y lleva la cabeza hacia atrás, en la posición que se conoce como «la foca». También es capaz de mantenerse sentado apoyado entre cojines. Si está tendido boca arriba levanta la cabeza y la espalda para intentar sentarse por sí solo, con muy poca ayuda logra sentarse. Si se le alza en pie, se nota mucho más firme y el gusta dar saltitos.

✔ Puede coger objetos de mayor tamaño y sostener algo en cada mano. Manifiesta un gran interés por todos los objetos.

✔ Quiere tomar y probar todo lo que toca. Continúa llevándose todo a la boca, ahora con un motivo agregado, a muchos niños comienzan a salir los dientes. Las encías le molestan y busca alivio al frotárselas con lo que tiene en las manos.

✔ Descubre sus pies y muestra la misma fascinación que cuando descubrió sus manos. Se los coge y los observa. Otra parte de su cuerpo para sentir y conocer.

✔ Es más sensible a la entonación de las voces que le hablan. Se afecta con los tonos secos y bruscos, detiene lo que está haciendo y se queda a la espera. Mientras que las voces suaves, cariñosas, las canciones, la música, le estimulan y le alegran. Si se utiliza música estridente puede resultar un estímulo excitante que altere al bebé.

Al finalizar el sexto mes

✔ Comienza una etapa importante para la adquisición del lenguaje. El bebé juega con los vocablos y parlotea estando solo. Disfruta del sonido de su propia voz. Busca expresividad en sus juegos vocales y acompaña sus vocalizaciones con movimientos de brazos y piernas. No necesita estar en compañía para estas «conversaciones». Si bien es importante ayudarle a enriquecer su vocabulario, cuando se le escucha vocalizando es mejor no interrumpirle, ya que estos momentos son importante para su propia ejercitación del lenguaje.

✔ Socialmente el bebé participa mucho más en el entorno familiar y de amistades. Le gusta el momento de la comida, ya puede coger la cuchara y la usa para jugar y llamar la atención. Intenta coger el vaso para beber, y por su necesidad de aprender suele causar algunos pequeños desastres en la mesa. En estos momentos el bebé necesita comprensión, la comida ha de ser un momento de tranquilidad, los pequeños accidentes no han de alterar el ambiente, ya que son el resultado de su deseo de comportarse como los demás y ser parte de su familia.

ELEMENTOS Y JUGUETES RECOMENDADOS PARA ESTA ETAPA

✔ Manteniendo los juguetes anteriores se pueden agregar algunos nuevos, diferentes en textura y color.

✔ Colgar en la cuna elementos pequeños que pueda tener a su alcance; como bolas de colores, figuras de goma: anillas, triángulos, llaves, discos, etc.

✔ Juguetes de materiales suaves que pueda tocar y chupar.

✔ Juegos de dentición.

Para cuando comienza a usar el parque

✔ Cubos de plástico de distintos colores vivos.

✔ Pelotas o formas que rueden.

✔ Trozos de tela variadas.

✔ Un espejo.

Para el momento del baño

✔ Pequeños juguetes de plástico que pueda chupar.

ACTIVIDADES DE ESTIMULACIÓN

Tirar suavemente de las piernas

Cuando el bebé se encuentre cómodamente tendido boca arriba, sobre la cama u otra superficie acolchada y segura: Sujeta los pies del bebé con suavidad y seguridad, seguidamente tira lentamente de las piernas de manera alterna; primero una y luego la otra.

Realiza el ejercicio lentamente y con sensibilidad.

Consejos

Respeta el ritmo del bebé. Permítele el movimiento natural de las piernas. Mírele con alegría y anímelo. Cuente con chispa: «¡Uno, dos, tres y nos estiramos otra vez!».

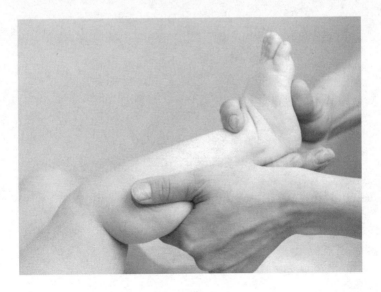

Beneficios

Estimula el sistema nervioso. Favorece las funciones de motricidad gruesa. Aumenta el tono muscular.

Alas al viento

Con el bebé tendido boca arriba. Cógele por las manos con suavidad y seguridad. Ábrele los brazos lentamente, todo lo que pueda y sin forzar al bebé. Percibe si éste te ofrece resistencia y relaja la posición. Realízalo varias veces con la sensación de volar.

Consejos

Mantén el contacto visual con el bebé. Coge aire al abrir los brazos y al cerrar suelta el aire. Estimula al bebé con tu voz: «¡A volar, a volar con los brazos abiertos como alas al viento!».

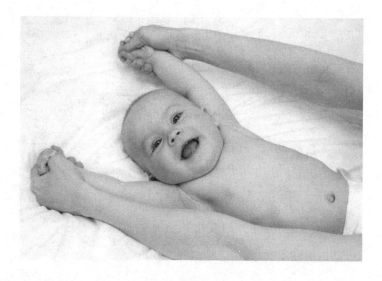

Beneficios

Estimula la respiración regular. Favorece la tonicidad del tórax. Activa los movimientos de extensión de los brazos.

La ranita

Con el bebé tendido boca arriba. Cógele con seguridad los pies y lleve las rodillas del bebé hacia el pecho de éste. A partir de esa posición estírale y dóblale las piernas hacia los lados, imitando el movimiento natural de una ranita.

Consejos

Mantén el contacto visual con el bebé. Realiza el ejercicio con seguridad y ritmo. Cultiva el espíritu de juego. Acompáñale con entusiasmo: «¡Salta la ranita, salta la ranita, una y otra vez!».

Beneficios

Facilita la extensión de las piernas. Estimula el sistema nervioso periférico. Tonifica la espalda y la columna vertebral.

La foca

Tiende al bebé boca abajo en una superficie cómoda y segura. Deja que se estire o mueva libremente. Después, cógele las manos con suavidad y colócaselas apoyadas por delante de su pecho. Muéstrale un objeto nuevo o su juguete favorito a una altura por encima de su cabeza. Anímalo a mirar e interesarse por el juguete, de manera que se apoye en sus manos para alzar la cabeza y el pecho, en forma de foca.

Consejos

Al principio es más sencillo si el bebé se apoya en los antebrazos. Háblale en todo momento animándole a realizar el ejercicio. No hay que forzar al bebé a levantarse. Si no lo hace la primera vez, poco a poco irá alzando la cabeza y por sí solo llegará a la posición deseada. Permite que el bebé se mueva naturalmente a su propio ritmo.

Beneficios

Fortalece la musculatura tanto de la espalda como del cuello. Aumenta la capacidad respiratoria. Estimula la curiosidad del bebé.

El mirador

Tiéndete boca arriba en una superficie cómoda y segura. Flexiona las piernas apoyando los pies y manteniéndolos juntos. Coge al bebé por debajo de los brazos y colócalo frente a tu rostro, lo más cerca posible, hasta tocar nariz con nariz. Seguidamente comienza poco a poco a estirar los brazos, al tiempo que levantas al bebé. Mantenlo en alto por unos segundos y regrésalo a la posición inicial para levantarlo nuevamente.

Consejos

Desde que comienza el ejercicio debes hablar al bebé animándolo a jugar y a divertirse. Mantén en todo momento un contacto visual con el bebé. Invítalo a mirarte desde lo alto y a reír juntos. Intenta moverlo lentamente para que tenga una percepción clara del movimiento y del momento en que lo alejas y lo acercas. Si el bebé muestra desagrado o irritación detén inmediatamente el ejercicio, abrázalo y tranquilízalo.

Beneficios

Favorece la capacidad de enfoque visual. Tonifica los músculos de la espalda. Aumenta la confianza y seguridad.

Palmas al aire

Tiende al bebé boca arriba en una superficie cómoda y segura. Siéntate frente a él y coge sus manos suavemente por las muñecas, intentando que mantenga las palmas de las manos abiertas. Anímalo a dar palmas, llevándole tú las manos de manera que entienda el movimiento. Cántale mientras llevas el ritmo ayudándole a dar palmaditas con sus manos.

Consejos

Mantén en todo momento el contacto visual con el bebé. Al juntar sus palmas haz expresiones de alegría que le animen. También puedes acompañar el juego con onomatopeyas o sonidos, como: «¡Clap!, ¡clap!, palmas a sonar».

Beneficios

Tonifica la musculatura de los brazos. Estimula los puntos reflejos de las manos. Activa la circulación sanguínea. Favorece la motricidad periférica.

Masaje en las piernas

Tiende al bebé desnudo boca arriba, de manera que se encuentre cómodo sobre una superficie acolchada. Coge con una mano el pie del bebé y tira de este con delicadeza, al tiempo que con la otra mano realizas un deslizamiento por la parte interna y delantera de la pierna desde el pie hacia arriba, recorriendo toda la pierna del bebé. Regresa hacia abajo deslizando la mano por la parte externa y posterior de la pierna. Al llegar al pie, cambia las manos para realizar el mismo deslizamiento con la otra mano. Ahora subiendo por la parte externa y posterior de la pierna y bajando por la parte interna y anterior. Realiza el deslizamiento varias veces alternando las manos con ritmo y fluidez, para luego hacerlo en la otra pierna.

Consejos

Asegúrate que la temperatura de la habitación es la adecuada. Utiliza una luz indirecta de modo que puedas evitar las luces directas sobre el bebé. Cuida de no presionar el pie mientras lo sostienes. Relaja las manos y asegúrate de tener las uñas cortas y sin asperezas. Utiliza la crema o el aceite que pones al bebé después del baño. Mantén el contacto visual con el bebé y háblale con dulzura mientras le das el masaje. Relaja las manos y déjate fluir con suavidad y delicadeza.

Beneficios

Mejora la circulación periférica y el retorno venoso. Aumenta la capacidad motriz de las piernas. Favorece el tono muscular. Hidrata y nutre la piel del bebé.

El primer vuelo

Tiéndete boca arriba en una superficie suave y firme. Flexiona las rodillas de manera que apoyes los pies manteniendo entre éstos una separación del ancho de tus caderas.

Sienta al bebé en tu abdomen sujetándolo con seguridad por debajo de sus brazos. Con voz viva y alegre invítalo: «vamos a volar» al tiempo que lo subes hasta el alcance de tu cabeza. Y luego «aterrizamos» al tiempo que lo bajas poco a poco regresándolo a la posición de partida. Realiza el ejercicio varias veces siguiendo un ritmo divertido y animando en todo momento al bebé.

Consejos

Coloca una almohada o cojín debajo de tu cabeza. Durante la actividad mantén el contacto visual con el bebé. Respira y al elevar al bebé suelta el aire emitiendo algún sonido divertido, imitando a un avión o un pájaro. Si el bebé se muestra irritado o no quiere continuar, detén el movimiento lentamente, abrázalo y cambia de juego.

Beneficios

Tonifica la musculatura de la espalda y el cuello. Aumenta la capacidad sensorial y motriz. Favorece la comunicación.

Aplaudir con los pies

Tiende al bebé boca arriba en una superficie cómoda y segura. Sujeta suavemente las piernas del bebé de manera que sus pies queden libres. Sepárale ligeramente las piernas flexionándole las rodillas, para seguidamente juntarle las plantas de los pies entre sí, a modo de aplauso. Realiza el movimiento varias veces siguiendo un ritmo animado y constante.

Consejos

Mantén el contacto visual con el bebé en todo momento. Háblale de manera divertida y anímale a aplaudir con sus pies. Puedes también jugar con onomatopeyas como: ¡pum!, ¡pum! ¡Abrir y cerrar! ¡Pum!, ¡pum! ¡Aplaudir con los pies, que divertido es!

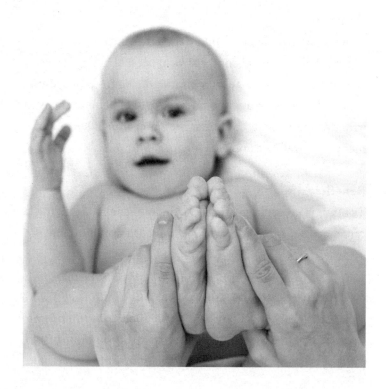

Beneficios

Moviliza las articulaciones de la extremidad. Estimula la circulación de las piernas. Activa los puntos reflejos de las plantas de los pies.

La rana

Tiende al bebé cómodamente boca arriba en una superficie acolchada y segura. Siéntate frente a él y coge sus tobillos con suavidad y seguridad. Sin forzarle, sepárale las piernas al tiempo que se las llevas hacia los lados. Seguidamente empújale las piernas hacia sus hombros. Mantén un instante la posición y regresa con suavidad al punto de partida.

Consejos

Si el bebé se muestra cómodo realiza el ejercicio unas cuantas veces. Si por el contrario ofrece resistencia no fuerces el movimiento. Has de ser sensible y flexible a las reacciones del bebé. Mantén el contacto visual con el bebé en todo momento. Háblale o improvisa una canción con movimiento de la ranita: «¡Cruac!, ¡cruac! ¡La ranita abre y dobla sus piernas para poder saltar!».

Beneficios

Estira la musculatura de las piernas. Fortalece el sistema nervioso periférico. Aumenta la capacidad motriz de las extremidades. Tonifica la articulación de las caderas y la musculatura de la parte baja de la espalda.

Punto para el desarrollo (digitopresión)

Siéntate cómodamente manteniendo al bebé en tus brazos. Coge uno de sus pies con suavidad y realiza una presión con tu pulgar en el centro de la almohadilla del dedo gordo del bebé. Mantén la presión durante unos segundos y seguidamente haz la misma presión en el otro pie.

Consejos

Cuida de tener las uñas cortas y sin asperezas. Si el bebé muestra dolor o incomodidad libera la presión y hazle un masaje suave en la zona. Mientras presionas respira con regularidad. Al inicio y la final de las presiones puedes dar un masaje suave en el pie del bebé. Háblale con cariño en todo momento y dile que este punto maravilloso es para crecer sano, fuerte y feliz.

Beneficios

Regula las funciones vitales del organismo. Armoniza el sistema hormonal. Reduce la inquietud. Ayuda a estimular el proceso natural de crecimiento.

Masaje en los brazos

Tiende al bebé boca desnudo arriba sobre una superficie acolchada y segura. Colócale una almohada pequeña bajo su cabeza para que se encuentre más cómodo. Sepárale un poco los brazos del cuerpo con las palmas de las manos hacia arriba. Poco a poco y con delicadeza coloca tus manos relajadamente sobre el pecho del bebé. Desde allí desliza ambas manos por los brazos del bebé hasta llegar a sus manos. Sal por sus manos con suavidad, y colócalas nuevamente en el pecho para realizar el deslizamiento varias veces. Comienza con un primer deslizamiento superficial y en los siguientes imprime una presión moderada, para terminar con un par de deslizamientos más suaves y delicados.

Consejos

Antes de hacer el masaje, asegúrate de no tener las manos frías. Es aconsejable que te las fricciones una con otra para que actives la circulación y la energía. Puedes utilizar una crema hidratante o el aceite que le pones después del baño. Mantén en todo momento el contacto visual con el bebé. Relaja las manos y deja que se adapten con naturalidad al cuerpo del bebé. Háblale con ternura o cántale una canción de cuna. Mientras el bebé se muestre cómodo puedes realizar varios deslizamientos uno tras otro, pero si en algún momento el bebé demuestra que ya no quiere más, detén suavemente el masaje y abrázalo para jugar con él.

Beneficios

Favorece el tono muscular de los brazos. Estimula la motricidad de la extremidad. Aumenta la capacidad respiratoria. Relaja el sistema nervioso y le aporta serenidad.

Séptimo, octavo y noveno mes

Al séptimo mes

✔ Al estar tendido ya puede girarse por sí solo y cambiar de posición boca abajo a boca arriba. Si está acostado sobre el abdomen, con las manos apoyadas sobre el suelo, puede levantar una mano del suelo para coger un objeto que le interese. Al sentarse puede mantener por más tiempo la posición, inclinando el torso hacia delante y apoyando las manos en el suelo para sostenerse. Se muestra más flexible y puede incluso recoger algún objeto con la mano.

✔ Le gusta que lo sostengan de pie y le hagan saltar, intenta por sí mismo dar saltitos: se agacha y se impulsa.

✔ Continúa interesado por sus pies, se los lleva a la boca y se chupa el dedo gordo. Puede jugar con sus manos y pies, conoce un poco más su cuerpo y demuestra más confianza.

✔ Se observa que para coger los objetos utiliza la base del dedo pulgar y el meñique. Si no quiere soltar un objeto lo guarda en su mano. Puede pasar los objetos de una mano a otra, le gusta golpear lo que tiene en la mano contra la mesa. Puede sostener por sí solo el biberón.

✔ Es el momento en que le comienzan a salir los primeros dientes. Descubre la sensación de morder y le gusta practicar con un trozo de pan, una galleta e incluso la tetilla del biberón. También son aconsejables los juguetes especiales para la dentición.

✔ Comienza a ser posesivo con sus juguetes, los sostiene con fuerza contra sí, como queriendo dejar claro que le pertenecen. Cuando ya no los quiere los tira de manera voluntaria.

✔ En esta etapa el bebé ya suele desarrollar y utilizar su lenguaje particular. Es capaz de modular y variar sus expresiones vocales según su necesidad de llamar la atención o comunicarse. Si las personas que le acompañan no le escuchan o están hablando entre ellos, el bebé puede subir el volumen de su voz hasta que le hagan caso.

✔ Muestra especial interés por la diversidad de sonidos y músicas. Está muy atento a todo lo que escucha y a veces intenta reproducir los sonidos que más le cautivan.

✔ Aunque puede distraerse estando solo, prefiere estar en compañía. Busca la atención de su madre y expresa con su mirada su desconsuelo y mal humor cuando no atienden su reclamo. Puede calmarse con solo escuchar la voz de su madre. Si ella le canta o le habla incluso desde otra habitación el bebé ya siente su compañía.

✔ Reconoce el rostro de su madre y la distingue de las demás personas. Aumenta considerablemente la necesidad de estar con su madre. Se muestra inseguro cuando cambia de ambiente, o ante personas desconocidas.

✔ Exige constantemente la presencia de su madre. Cuando la tiene cerca inclina su cuerpo hacia ella y cuando está en sus brazos le gusta escudriñar su cara, meter sus dedos en su boca, jugar con sus orejas, tirar de sus cabellos…

Con ocho meses

✔ El bebé ya tiene un buen tono muscular en la espalda y en la región lumbar. Cuando está tendido de espaldas puede levantarse y sentarse solo. Acostado sobre su abdomen es capaz de levantar su cuerpo apoyándose en las manos y en la punta de los pies. Ya gira con facilidad sobre sí mismo, cada vez muestra más independencia corporal y comienza a prepararse para gatear.

✔ Alcanza mayor precisión en la forma de utilizar los dedos para coger y sostener los objetos, comienza a usar más el dedo índice. Puede soltar un objeto para coger otro que se le ofrece.

✔ Le justa dejar caer los juguetes y hacer ruido con éstos. Es capaz de buscar con la vista los objetos que se le caen e intenta alcanzarlos. Si se juega a esconderle los juguetes el bebé los buscará en la dirección correcta y los reclamará.

✔ Vocaliza constantemente, tanto con las personas como con los objetos. Habla consigo mismo y con los que tiene alrededor. En ocasiones acompaña sus vocalizaciones con gestos y expresiones corporales que le comprendan. En esta etapa es importante hablarle con claridad: sin ser demasiado exigente con el lenguaje pero sin deformar las palabras. Utilizar un lenguaje sencillo, con entonación y acompañarlo con los gestos.

✔ Durante este mes el bebé alterna con frecuencia risas y llanto. Es una etapa sensible para el bebé que muestra una marcada dependencia de su madre. La presencia de su madre la aporta una seguridad difícil de sustituir. Pueden presentarse situaciones de ansiedad para el bebé al estar sin su madre, ya que no es capaz de comprender por qué su madre se ausenta.

✔ No es el mejor momento para socializar en exceso. El bebé se altera con la presencia de desconocidos y sufre si se le deja en un lugar extraño para él. No es el mejor momento para dejarlo con personas extrañas o para comenzar en una guardería.

✔ En esta etapa el bebé suele desarrollar un afecto particular hacia un peluche, un juguete, incluso una pequeña almohada o manta. Lo convierte en su compañero de penas y alegría. Puede que incluso le ayude a compensar las ausencias de su madre por lo que no lo querrá soltar en ningún momento y mucho menos que se lo quiten. Lo abraza, le habla y es un buen amigo para dormir.

Durante el noveno mes

✔ Los adelantos en el uso de su cuerpo y su capacidad de movimiento hacen que comience una etapa de gran actividad para el bebé. Se muestra muy curioso e inquieto por descubrir todo lo que le rodea y sus propias capacidades.

✔ Se observan los primeros intentos del bebé para gatear. Para desplazarse hace giros sobre sí mismo y al estar sentado se puede inclinar hacia delante sin caerse pero todavía no se inclina hacia los lados.

✔ Se sostiene de los muebles para ponerse de pie y mantiene el equilibrio llevando hacia atrás la cadera, luego se deja caer.

✔ Aumenta su capacidad manual y se observa que puede coger objetos más pequeños entre el pulgar y el índice. Ya sabe ofrecer lo que tiene en sus manos, aunque al principio no lo suelte.

✔ Cada día adelanta en el lenguaje y se le escuchan las primeras palabras, formadas por sílabas simples repetidas. Lo más común es escucharle decir mamá, para continuar con papá y seguir con otras parecidas para llamar a sus hermanos o abuelos.

✔ Aunque se muestra más independiente y su deseo de descubrir nuevos territorios le lleven a intentar moverse libremente, el bebé mantiene la dependencia de su madre, por lo que cada cierto tiempo solicita su presencia y busca su compañía, la cual necesita con frecuencia, tanto para compartir sus pequeños descubrimientos como para mantener la seguridad afectiva que necesita.

ELEMENTOS Y JUGUETES RECOMENDADOS PARA ESTA ETAPA

✔ Manteniendo los juguetes y elementos anteriores, añadir cubos y objetos que pueda meter y sacar de un recipiente.

✔ Juguetes con ruedas que se puedan mover.

✔ Cuentos de telas de texturas diferentes con dibujos grandes y simples.

✔ Cajas para guardar y sacar cosas.

✔ Carretes de hilos gruesos de muchos colores.

ACTIVIDADES DE ESTIMULACIÓN

La sonrisa del globo

Infla un globo de color llamativo. Una vez que esté bien inflado dibuja sobre éste dos ojos y una gran sonrisa con un rotulador que contraste. Luego muestra el globo al bebé desde cierta distancia, una vez que demuestre interés en el globo, acércalo hacia él hasta el alcance de sus manos. A continuación aléjalo despacio y llévalo hacia otro lado para que el bebé lo busque con la mirada y seguidamente se lo acercas de nuevo.

Consejos

Habla al bebé con espíritu de juego durante toda la actividad. En algunos momentos puedes girar el globo para esconder la sonrisa y en seguida volverlo a girar. Observa las reacciones del bebé e intenta que se divierta espontáneamente.

Beneficios

Estimula la observación y la capacidad de fijar la vista. Favorece la comunicación social. Aumenta su capacidad sensorial.

El gatito

Tiende al bebé boca abajo, en una superficie cómoda y segura. Cógele los tobillos con suavidad y seguridad. Empújale lentamente una pierna y luego la otra, de modo que las rodillas del bebé se aproximen a su barriguita lo más posible.

Consejos

Puedes colocar a una distancia de 30 a 50 cm un juguete que anime al bebé a ir hacia delante para alcanzarlo. Mantén un ánimo alegre y háblale o cántale ayudando al bebé a avanzar: un, dos tres… pasito a pasito… ¡el gatito avanza feliz!

Beneficios

Aumenta la capacidad motriz. Estimula en el bebé el interés por desplazarse y explorar. Fortalece los brazos y la espalda.

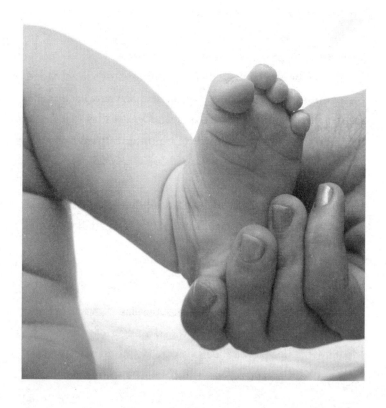

La mariposa

Con el bebé tendido boca arriba en una superficie cómoda y segura. Sujétale suavemente los pies para juntar entre sí las plantas de éstos. Seguidamente empújaselos hacia la barriguita de modo que sus rodillas se abran hacia los lados, a modo de «alas de mariposa». Una vez alcanzado el punto máximo en que el bebé se muestra cómodo, estírale despacio las piernas para luego realizar la flexión una vez más.

Consejos

Si el bebé se muestra incómodo o quiere soltar las piernas para dar pataditas, permíteselo sin forzar el ejercicio. Se puede flexionar un pierna primero y luego la otra. También puedes variar el ritmo al empujar y estirar. Recuerda hablarle al bebé mientras realizas el ejercicio: «La mariposa vuela, abriendo sus alas y estirándolas».

Beneficios

Moviliza la articulación de la cadera. Estimula la circulación periférica. Aumenta el tono muscular de la parte baja de la espalda y de las piernas.

El elevador

Siéntate cómodamente en una silla o al borde de la cama. Sujeta al bebé de los antebrazos permitiendo que tenga las piernas extendidas y apoyadas en tus muslos. Mantén la espalda erguida y relajada. Comienza a levantar al bebé despacio hasta una altura cómoda, bájalo y súbelo varias veces.

Consejos

Al subir al bebé es importante llevarlo hasta la altura de tu rostro para que pueda verte de frente. Evita presionar con fuerza cuando sostienes al bebé. Puedes colocar un cojín a los pies del bebé para que tenga la sensación de botar cuando lo bajas y lo subes. Háblale con chispa y anímalo a verte y sonreír cada vez que se encuentran cara a cara. Si el bebé muestra alegría intensifica el movimiento e imprime más energía al subirlo. Detén el movimiento si el bebé no se encuentra a gusto.

Beneficios

Estira y flexibiliza el tórax. Tonifica los músculos de la espalda y los brazos. Expande el diafragma y amplia la capacidad respiratoria. Estimula el juego y despierta la sorpresa en el bebé.

Tocar el cielo

Siéntate cómodamente en una superficie suave y segura. Tiende al bebé boca arriba frente a ti. Sujeta con suavidad las manos del bebé y al mismo tiempo extiéndelas hacia arriba llevándolas por encima de su cabeza. Realiza el movimiento despacio y sin forzar permitiendo que el bebé alcance el máximo estiramiento posible de sus brazos, sin forzar. A partir de este punto, baja lentamente los brazos del bebé hasta llevarlos a su barriguita. A continuación realiza nuevamente el ejercicio unas cuantas veces.

Consejos

Concéntrate en tu respiración antes de comenzar el ejercicio. Mantén en todo momento el contacto visual con el bebé. Coge aire al subir los brazos y suéltalo al bajarlos, de manera que el bebé observe que estás acompañando el movimiento con la respiración. Al tiempo que le hablas al bebé de manera divertida y alegre: «Nos desinflamos, Shuff..., ¡cogemos aire y subimos los brazos otra vez!».

Beneficios

Estimula la capacidad motriz de los brazos. Tonifica la musculatura del tórax. Aumenta la capacidad respiratoria. Despierta la consciencia corporal del bebé.

La hamaca

Colocar una sábana o una toalla grande sobre la cama o en una superficie acolchada y segura. Tiende al bebé boca arriba a lo largo de la toalla. Entre dos personas, coger la tela por ambos extremos con firmeza y seguridad. Ambas personas han de tensar la tela al mismo tiempo y levantarla lentamente, de modo que el bebé quede un poco suspendido y envuelto, como si estuviese dentro de una hamaca. A continuación han de comenzar poco a poco a balancear al bebé de un lado al otro, con un ritmo suave y calmado.

Consejos

Es importante que ambas personas mantengan la coordinación entre sí. Recordemos que los movimientos han de ser suaves y el ritmo más bien lento. Se puede elegir previamente una canción de cuna para acompañar el balanceo y cantarla entre ambos. Si el bebé se muestra incómodo o irritado, detener el movimiento, abrazarlo y proponer otro juego.

Beneficios
Relaja el sistema nervioso, acuna al bebé y estimula la circulación periférica. Favorece la movilidad natural de la columna vertebral.

La fajita

Coloca una sábana doblada o una toalla de baño sobre una superficie cómoda y segura. Tiende al bebé boca abajo de manera que la barriguita le quede en el centro de la toalla. Coge los extremos de la toalla y tira lentamente, hasta que el bebé quede ligeramente alzado, de forma que apoye sus rodillas y manos. A continuación empuja despacio hacia delante para animarlo a gatear.

Consejos
Cuando levantes al bebé háblale con alegría y anímalo a manera de juego. Coloca por delante algún juguete que le guste, y llevarlo hasta éste de forma que note que se puede desplazar para alcanzarlo. Si notas que el bebé está incomodo y que no le entusiasme el ejercicio, no insistas. Cambia de juego o bien abrázalo y tranquilízalo.

Beneficios
Libera al bebé de la fuerza de gravedad. Estimula sus funciones motrices. Tonifica la musculatura de piernas y brazos. Favorece la acción del gateo.

Columpio con los brazos

Siéntate cómodamente en una silla y coloca al bebé frente a ti, sentado en el suelo sobre una superficie acolchada y segura. Coge al bebé por los antebrazos y llama su atención para que te mire de frente. Levántalo hasta que separe los pies del suelo. Una vez que está en el aire, balancéalo lentamente, aproximándolo hacia ti y alejándolo, para luego bajarlo poco a poco.

Consejos
Mantén el contacto visual con el bebé en todo momento. Si el bebé se muestra animado con el ejercicio, realízalo varias veces seguidas. No lo mantengas alzado por más de 10 segundos, es preferible subir y bajarlo, que mantenerlo mucho tiempo alzado. Háblale con alegría o cántale mientras lo meces en el aire.

Beneficios
Estimula el sistema nervioso. Tonifica los músculos de los brazos y la espalda. Flexibiliza el tórax. Aumenta la capacidad respiratoria.

El gato

Sobre una superficie acolchada coloca un cojín o almohada pequeña. Tiende al bebé boca debajo de manera que la barriguita le quede apoyada sobre el cojín. Colócale los brazos por delante del pecho, a la altura de los hombros, y ayúdale a flexionar las piernas de modo que las rodillas queden apoyadas. Seguidamente cógele por la cintura y levántalo con suavidad hasta que separe la barriguita del cojín. Una vez en esa posición libera al bebé poco a poco, sin alejar las manos, para dejarlo que intente mantener la posición por sí solo.

Consejos

Antes de comenzar este ejercicio juega un rato con el bebé y el cojín para que se familiarice con éste. Colócate en la posición del gato al lado del bebé y juega con él. Háblale todo el rato y cuando lo comiences a soltar, hazlo muy lentamente, siempre lista a sostenerlo nuevamente. ¡Anímalo desde el principio a jugar al gato!

Beneficios

Fortalece la musculatura de la espalda. Tonifica la columna vertebral. Mejora la motricidad y estimula la acción de gatear.

Lluvia de caricias

Tiende al bebé boca arriba sobre una superficie cómoda y segura. Coloca a los lados del bebé unas almohadas o cojines. Con las manos muy relajadas, comienza a realizar con las yemas de los dedos roces suaves y sutiles, desde la cabeza hacia el pecho del bebé, pasando por el rostro con mucha delicadeza. Los movimientos de las manos se alternan una después de la otra.

Consejos

Asegúrate de tener las uñas cortas y sin asperezas. Utiliza una luz indirecta que no incida sobre la cara del bebé. Los movimientos de tus manos han de ser cuidadosos y delicados, especialmente sobre la cara del bebé. Si el bebé muestra satisfacción lleva los roces hasta los pies y comienza nuevamente en la cabeza, siempre han de ser de arriba para abajo. ¡Háblale al bebé con suavidad e invítale a disfrutar de la lluvia de caricias!

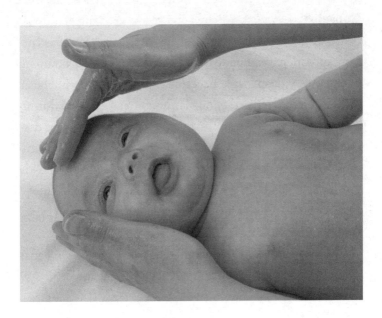

Beneficios

Relaja el sistema nervioso. Aumenta la capacidad sensorial. Favorece la serenidad y la calma. Estimula la percepción sensorial.

Punto para la dentición (digitopresión)

Con el bebé tendido boca arriba o cómodamente sentado en tu regazo. Cógele una de sus manos y con suavidad presiona el lado interno de su dedo índice, justo antes del borde de la uña. Mantén la presión por el tiempo que el bebé lo permita, lo ideal será de un minuto, para luego liberar la presión y seguidamente hacerla en el dedo índice de su otra mano.

Consejos

Antes de hacer las presiones, asegúrate de tener las uñas cortas y sin asperezas. Lo ideal es dar un masaje en las manos al bebé antes y después de hacerle las presiones. Si el bebé es muy inquieto puedes esperar al momento en que está dormido para hacerle las presiones. En caso de que se las hagas despierto, háblale con ternura mientras le presionas. La digitopresión no ha de causar dolor al bebé, por lo que has de presionar lo justo, ni demasiado suave ni demasiado fuerte. Piensa que las sensaciones táctiles son más intensas en la piel del bebé que en la de los adultos.

En el período de la dentición puedes reducir las molestias del bebé aplicando un poco de miel en sus encías.

Beneficios
Alivia la dentición. Mitiga las molestias y desinflama las encías. Favorece la salida de los primeros dientes.

Punto para la ansiedad (digitopresión)

Con el bebé tendido boca arriba. Realiza una presión suave sobre el centro del esternón. Justo sobre una pequeña hendidura que se localiza en este punto. Mantén la presión durante unos segundos con suavidad y tranquilidad. Mientras realizas la presión respira hondo y suelta el aire como una suave brisa. Poco a poco libera la presión y acaricia al bebé.

Consejos
Antes de hacer la presión, asegúrate de tener las uñas cortas y sin asperezas. Las horas del día más apropiadas para esta presión son a media mañana y a media tarde. Antes y después de hacer la presión sobre el esternón, puedes dar un masaje muy suave en el pecho del bebé. Cántale una canción de cuna mientras realizas la presión. Esta es una etapa en que el bebé se encuentra muy sensible y suele sentir ansiedad, hay que evitar estímulos fuertes que le molesten, por lo que has de presionar lo justo, ni demasiado suave ni demasiado intenso, observando en todo momento las expresiones faciales del bebé.

Beneficios
Aporta tranquilidad y calma el mal humor. Regula la respiración. Estimula el sistema de defensas del cuerpo. Induce a la serenidad y al bienestar interior.

Décimo, decimoprimer y decimosegundo mes

En el décimo mes

✔ El bebé comienza finalmente a gatear hacia delante. El movimiento rítmico y alterno entre brazos y piernas representa una preparación para caminar. Además, al gatear el bebé desbloquea la cadera, lo cual le beneficiará a nivel estructural inclusive en su edad adulta. Una vez que el bebé comienza a gatear, lo más recomendable es dejarlo gatear siempre que pueda y evitar ofrecerle alternativas para el desplazamiento como las andaderas.

✔ El poder gatear le permite mayor libertad en sus desplazamientos, se detiene cuando encuentra un mueble del cual puede sostenerse para ponerse de pie. Intenta llegar hasta lugares que le permitan el acceso a la diversión. Sus adelantos motrices le confieren más agilidad, lo cual aumenta notoriamente su curiosidad. Si logra llegar hasta un mueble con cajones, seguramente los abrirá para sacar todo lo que encuentre dentro. Si se trata de un estante con libros los sacará de uno en uno, como si se tratara de un juego. No hay que impedir del todo estas ricas experiencias, pero sí que es necesario vigilarlo y sobre todo cuidar que lo que está a su alcance o en el suelo no represente un peligro para el bebé.

✔ En esta etapa el bebé puede pasar mucho rato ensayando a caminar. Busca movimientos con los que se siente seguro, como si quisiera perfeccionar sus movimientos antes de comenzar a andar. Se le puede observar levantar un pie e intentar dar algún paso, siempre sosteniéndose. Se cae con frecuencia, lo cual le asusta un poco, pero no lo suficiente como para detener sus intentos de andar.

✔ Para coger los objetos ya utiliza la presión en pinza fina, entre le punta del pulgar y del índice, esto le permite coger con mayor precisión las cosas pequeñas que ya sabe entregar de una en una. Le gusta explorar los nuevos objetos que encuentra, adapta sus dedos a la forma de éstos y puede pasar un rato observándolos y escudriñándolos. En algunos momentos después de analizar un objeto lo tira bruscamente al suelo, esta acción no es necesariamente un deseo romper o destruir el objeto, seguramente lo que indica es que el bebé quiere un nuevo estímulo para continuar descubrimiento el mundo.

✔ Ya comprende los conceptos *dentro* y *fuera*. Le gusta jugar a meter y sacar cosas de las cajas. Reconoce las formas por la tercera dimensión. Puede diferenciar un cubo de una esfera para jugar a encajar los objetos.

✔ Aprende a despedirse con la mano que le permite decir «adiós», y suele complacer cada vez que su madre le pide que se despida. Le gusta hacer palmas y se da cuenta que es una acción que despierta la alegría.

✔ Aunque no entienda el significado literal de las palabras es capaz de diferenciar los tonos en que le hablan. Si le reprimen un tono muy severo seguramente hará pucheros o incluso se pondrá a llorar. Mientras que cuando se le habla en tono jovial y alegre se muestra contento y se estimula positivamente.

Con once meses

✔ Perfecciona su gateo y levanta la cadera apoyándose en los pies y las manos. Puede que ya comience a dar sus primeros pasos, sosteniéndose de los muebles o cogido de la mano.

✔ Utiliza el dedo índice para señalar todo lo que le llama la atención o cuando quiere algo específico. Continúa disfrutando con la exploración de los objetos que logra coger, le fascina la tercera dimensión, las texturas y las particularidades de cada cosa que toca. Es capaz de unir dos objetos para formar uno.

✔ Le gusta jugar con la pelota y ya puede lanzarla de regreso cuando juegan con él. Si se la tiran estando sentado es capaz de girar sobre sí mismo para cogerla.

✔ Comienza a utilizar un lenguaje general combinando palabras cortas para formar sus primeras frases. Generalmente su madre es la que mejor le entiende, y le ayuda a asociar las nuevas palabras con los gestos y las situaciones correspondientes. Aunque no los utilice inmediatamente, este nuevo repertorio vocal le permiten aumentar poco a poco su vocabulario, al tiempo que favorece su desarrollo intelectual. El bebé almacena todo lo que escucha y observa hasta que llegue el momento en que aprenda a utilizarlo con acierto.

✔ La memoria visual del bebé ya está bastante desarrollada por lo que se muestra muy observador. Mirar es una manera de aprender y conocer los espacios, las personas y los objetos que conforman su entorno. Observar que las cosas están en su lugar le aporta seguridad al bebé.

✔ Comprende perfectamente lo que no le está permitido. Entiende el significado de la palabra *no* y aprende a mover la cabeza hacia los lados cuando no quiere algo. Aunque realice este gesto simplemente porque le gusta y no necesariamente para negar, le resulta más sencillo mover la cabeza para negar que para afirmar, por lo que le cuesta más decir *sí* con la cabeza.

A los doce meses

✔ Se observa una mayor coordinación de los movimientos al andar con la ayuda de la mano de un adulto. Cuando el bebé gatea y se levanta ayudado de los muebles, empuja las sillas y las mesas en su intento de caminar y avanzar. Si está sentado se empuja con sus manos para desplazarse apoyado en sus caderas.

✔ A partir de este momento puede esperarse que comience a caminar por sí solo. Al comienzo se caerá con frecuencia hasta que consiga mantener el equilibrio y caminar con más estabilidad.

✔ Cada vez le gusta más jugar a la pelota y desarrolla mayor precisión al golpear la pelota con el pie. Utiliza los pies para empujar o golpear las cosas que tiene a su alcance.

✔ Descubre la diversión de colocarse sombreros o bolsas en la cabeza. También le distrae jugar a meter y sacar cosas en los espacios correctos.

✔ Su lenguaje hablado se va perfeccionando y comprende cada vez más el significado de lo que le dicen sus padres. Si no encuentra las palabras que necesita, ya cuenta con un amplio vocabulario de gestos o acciones para responder a lo que entiende. Esto le permite darle un abrazo a su madre cuando se lo pide o buscar la pelota que le pide su padre para comenzar a jugar.

Al cumplir el primer año

✔ El primer cumpleaños es una etapa significativa para el entorno familiar del bebé. Mientras que en lo que respecta a su desarrollo y evolución es un período de transición, durante el cual el bebé se prepara para la adquisición de nuevas capacidades y aptitudes.

✔ Algunos ya comienzan a caminar a partir de esta edad, mientras que otros ya dominan un vocabulario más amplio y se les puede escuchar practicar con sus primeras palabras.

✔ Se convierte en un explorador a la hora de comer. Aunque ya puede utilizar el tenedor y coger el puré con la cuchara, prefiere usar las manos y recoger uno a uno los trocitos de comida que se le caen a la mesa para llevárselos a la boca. Estudia los nuevos alimentos que le ofrecen con la vista y el tacto. También es capaz de sostener el vaso o la taza con ambas manos.

✔ Rechaza con énfasis los alimentos que no le gustan o cuando ya no quiere comer más. En el momento de la comida la madre ha de tener paciencia y comprensión, puede que en estos meses de grandes descubrimientos el interés por comer sea menor y el apetito del niño disminuya. Es importante evitar los posible conflictos durante la comida, ya que la tranquilidad es este momento es fundamental para la buena digestión de los alimentos.

✔ Se puede distraer por mucho tiempo cogiendo pequeños objetos cuidadosamente para colocarlos uno a uno en una caja, luego la voltea para meterlos nuevamente. Por el cuidado que pone cuando juega de esta manera da la impresión de que estuviese contando uno a uno los objetos.

✔ Su interés por reproducir las acciones que observa es evidente, es un período importante para el aprendizaje por imitación, le gusta y le sale bien. Si observa bailar inmediatamente comienza a seguir el ritmo con todo el cuerpo. A partir de allí baila cada vez que escucha alguna música que le estimule el ritmo.

✔ Le interesa llamar la atención de los adultos y especialmente darse cuenta de que está aprobando sus acciones o nuevos aprendizajes. No tiene sentido de exhibicionismo, lo que le gusta es compartir y si los adultos bailan o juegan con él se fortalecen las relaciones y el niño reafirma su personalidad.

✔ A partir del primer año el niño supera con mayor facilidad la ausencia de la madre y está más dispuesto a socializar con otras personas. Busca que le ayuden a caminar o que le alcen en brazos. Le agrada la compañía y se esfuerza por mostrar sus nuevas habilidades. Es cada vez más simpático y demuestra interés por las nuevas amistades, siempre y cuando jueguen y estén por él.

✔ Las horas de sueño disminuyen y a veces el niño lucha para no dejarse vencer por el sueño. Demuestra toda la energía que tiene, parece no cansarse nunca de jugar y estar activo. Esta es una etapa particularmente importante para ofrecerle actividades estimulación. Hay que facilitar al niño elementos que le ayuden a descubrir el mundo y aprender a relacionarse con su entorno. Cuando se trata de un hijo único, los padres se han de implicar sin estar demasiado obsesionados por mantener quieto al niño. Ni vigilarlo en exceso ni dejarlo de su cuenta, encontrar el equilibrio en este aspecto ayudará a satisfacer las necesidades naturales del niño y desarrollar su personalidad sin arriesgar su integridad.

ELEMENTOS Y JUGUETES RECOMENDADOS PARA ESTA ETAPA

✔ Libros con ilustraciones grandes y sencillas, de páginas de cartón fáciles de manipular.

✔ Cubos de distintos tamaños y distintos colores, juegos para encajar.

✔ Pirámides para colocar anillas de colores.

✔ Telas para jugar al escondite.

✔ Pelotas, cucharas, tazas.

✔ Juguetes sencillos de construcción, que pueda desmontar y montar fácilmente.

Para el momento del baño

✔ Libros de plástico y juguetes que floten.

ACTIVIDADES DE ESTIMULACIÓN

El mundo al revés

Colócate de rodillas, lo más cómoda posible: sobre la cama o sobre una almohada o cojín grande. Coge al bebé y siéntalo sobre tu regazo con las piernas abiertas de manera que te rodee la cintura con éstas. Una vez en esta posición cógelo suavemente por los antebrazos y llévalo hacia atrás hasta que su espalda descanse sobre tus muslos, y la cabeza quede hacia abajo, mirando al revés.

Consejos

Coloca un cojín por delante de tus rodillas para que la cabeza del bebé quede apoyada en éste. Inclínate un poco hacia delante de manera que mantengas el contacto visual con el bebé. Cuida de no apretar sus antebrazos cuando lo sostienes en esta posición. Háblale de forma divertida: «El mundo para arriba, el mundo para abajo, lo vemos al revés… ¡¡y tú qué ves!!».

Beneficios

Flexibiliza la columna vertebral. Expande la región torácica. Tonifica los músculos del abdomen. Estimula la irrigación sanguínea. Mejora la capacidad respiratoria.

Dónde está la pelota

Coloca al bebé sobre una manta o superficie cómoda y segura. Siéntate cerca de él y muéstrale una pelota pequeña de un material suave. Preferiblemente de un color intenso y llamativo. Deja rodar la pelota lentamente de manera que el bebé fije su atención en ésta y la siga con la vista. Juega un poco con la pelota y cuando el bebé esté interesado en el juego, esconde la pelota detrás de tu cuerpo asegurándote que el bebé ha observado que tú tienes la pelota. Pregúntale a manera de juego «¿Dónde está la pelota?» y cuando el bebé te mire le muestras nuevamente la pelota. Comienza de nuevo a mover la pelota: haciendo círculos, acercándola, alejándola, para volver a esconderla y continuar el juego.

Consejos

Mantén el contacto visual en todo momento con el bebé. Háblale en forma divertida con espíritu de juego. No realices movimientos rápidos ni exagerados, mueve la pelota con lentitud, para que el bebé pueda seguirla. Acompaña tus expresiones con gestos de sorpresa y asombro cuando la pelota desaparece y aparece. «¿Dónde está? A ver... ¿Dónde está la pelota?»

Beneficios

Estimula el sistema nervioso. Favorece el desarrollo de las facultades cognitivas. Aumenta la capacidad de observación. Favorece el desarrollo social del bebé.

Palmas con ritmo

Con el bebé sentado cómodamente en su cochecito, siéntate frente al bebé en una silla baja, de manera que pueda ver bien tu cara y tus manos. Comienza a cantar alguna estrofa de una canción que el bebé conozca, al tiempo que llevas el ritmo con las palmas. Anima al bebé a imitarte y dale tiempo para que capte el movimiento, y lo pueda imitar.

Consejos

Desde que colocas al bebé en el coche comienza a cantarle invitándole a jugar. Mantén el contacto visual en todo momento con el bebé. La estrofa que le cantas ha de ser corta para que la repitas varias veces. También puedes inventar una canción para este juego, e incluir sonido y onomatopeyas: «¡Pufff! ¡Grumm! ¡Crac! ¡Crac!...». Haz gestos simpáticos con la cara para que el bebé se divierta. En ningún momento fuerces el tiempo del bebé para que comience a imitar el movimiento.

Beneficios

Mejora la coordinación psicomotriz. Favorece el lenguaje hablado y la expresión emocional. Aumenta la capacidad de atención.

El miniarado

Tiende al bebé cómodamente boca arriba sobre una superficie acolchada y segura. Cógele los pies con suavidad y júntale las piernas manteniéndoselas estiradas. Coloca una mano por debajo de los talones del bebé para cogerle ambos pies con suavidad, mientras que la otra mano la colocas en el hombro del bebé más próximo a ti. A continuación lentamente y con mucha suavidad, levanta las piernas del bebé llevándolas hacia su cabeza y manteniéndolas estiradas, sin ejercer presión ni forzar el movimiento. Cuando sientas que llegas con sus piernas al punto máximo, relájale las piernas y llévaselas nuevamente a la posición inicial.

Consejos

Realiza este ejercicio preferiblemente con el bebé desnudo. Al sostener los talones del bebé ten cuidado de no ejercer presión. Mantén en todo momento el contacto visual con el bebé. Háblale con ternura al tiempo que realizas el ejercicio. Si notas que el bebé acepta el movimiento de buena manera y disfruta de este ejercicio, puedes realizarlo varias veces, dando un poco de tiempo entre cada movimiento. Por el contrario, si observas alguna reacción negativa en el bebé o que se muestre irritado, detén el movimiento, abrázalo y tranquilízalo.

Beneficios

Estimula el retorno venoso y mejora la circulación periférica. Mejora el tono muscular para la futura marcha. Tonifica la espalda y la columna vertebral.

La locomotora

Tiende al bebé cómodamente boca arriba sobre una superficie acolchada y segura. Cógele las piernas y empújaselas con suavidad para llevarle las rodillas hacia el pecho, sin forzar el movimiento ni presionar demasiado. Cuando alcanza el punto máximo libera la posición y estirándole las piernas con suavidad, para nuevamente llevarle las rodillas al pecho.

Consejos

Preferiblemente realiza este ejercicio con el bebé desnudo. Ten cuidado de no apretar las piernas del bebé cuando las sostienes. Mantén en todo momento el contacto visual con el bebé. Háblale y anímale con chispa, haciendo los sonidos de un pequeño tren al tiempo que llevas el ritmo del movimiento.

Beneficios

Moviliza la articulación de la cadera. Tonifica los músculos de la parte baja de la espalda. Estimula la circulación periférica.

La cobra

Tiende al bebé boca abajo sobre una superficie acolchada y segura. Júntale las piernas con suavidad y colócale las manos a la altura de sus hombros con las palmas apoyadas. Coloca tus manos por debajo de los hombros del bebé, de manera que los puedas sostener para levantárselos suavemente sin forzar, hasta que observes que el bebé arquea la espalda. Seguidamente libera el movimiento para que el bebé regrese por sí solo a la posición inicial.

Consejos

Para este ejercicio es preferible que el bebé esté desnudo. Para llevarle a posición inicial puedes comenzar por un masaje suave en la espalda. Háblale en todo momento con ternura y animándolo a seguir el ejercicio. Si el bebé se muestra participativo puedes realizar el ejercicio de 3 a 5 veces, permitiendo un tiempo de descanso entre un movimiento y otro. En caso de que el bebé se muestre incómodo o se resista al ejercicio, detén el movimiento, abrázalo y juega con él.

Beneficios

Expande el tórax y amplia la capacidad respiratoria. Flexibiliza la columna vertebral en extensión. Regula el sistema nervioso.

El cielo y la tierra

Con el bebé tendido boca arriba en una superficie cómoda y segura. Con suavidad, cógele al mismo tiempo el pie derecho y la mano izquierda. Seguidamente extiéndele el brazo por encima de su cabeza, para así estirarlo suavemente al mismo tiempo por la pierna y el brazo. Intenta llegar al máximo del estiramiento sin forzar el movimiento, luego libera la tensión y si el bebé se muestra receptivo realízalo un par de veces más. Para luego estirarlo por el pie izquierdo y la mano derecha.

Consejos

Antes de hacer el ejercicio juega un rato con el bebé, estirándole los brazos y luego las piernas. Intenta crear un clima divertido con relación a estirar el cuerpo. Mantén en todo momento el contacto visual con el bebé. Intenta que el bebé no levante la cabeza mientras le realizas el estiramiento. Háblale con ternura y juega a que hay que estirarse mucho, mucho, para tocar el cielo con una mano y la tierra con la pierna contraria. Si observas que el bebé está incómodo o se irrita, detén el ejercicio, abrázalo y juega con él.

Beneficios

Tonifica los músculos de la espalda, brazos y piernas. Moviliza la columna vertebral. Favorece la coordinación motriz. Mejora la capacidad respiratoria y las funciones digestivas.

Las manos en el espejo

Siéntate en una silla cómoda, con el bebé en tu regazo frente a un espejo en el que te reflejes al menos hasta la cintura. Toca el espejo con una mano y llama la atención del bebé para que observe el reflejo de ésta en el espejo. Después de jugar un poco con la mano y su reflejo, coge la mano del bebé, llévalo a tocar el espejo y a observar lo que sucede.

Consejos
Si el bebé muestra interés y quiere jugar un rato, ten a mano un juguete pequeño que sea de sus predilectos y colócalo frente al espejo para jugar con su reflejo. Háblale al bebé con espíritu de juego y descubrimiento. Haz diferentes movimientos con las manos e invítalo a imitar tus movimientos, pero sobre todo permite que el bebé explore libremente con su reflejo en el espejo.

Beneficios
Mejora la coordinación psicomotriz. Favorece la comunicación, el desarrollo del lenguaje y la gestualidad. Estimula la sorpresa y la exploración.

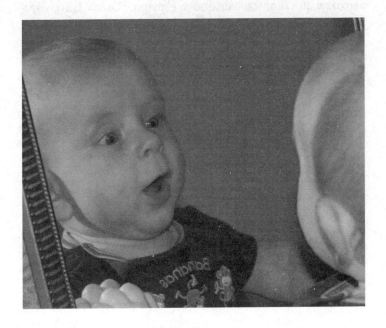

El tren pasa bajo el puente

Coloca al bebé en posición de gateo y sitúate de pie frente a él, con las piernas separadas aproximadamente al ancho de tus hombros. Dobla un poco las rodillas e inclínate hacia delante para aproximarte al bebé y éste pueda mirarte con facilidad a la cara. Anímale a pasar por debajo de tus piernas. Cuando el bebé pasa al otro lado, gira completamente, para quedar de nuevo frente a él y animarle a pasar otra vez.

Consejos

Realiza el ejercicio en un espacio que esté libre de objetos o muebles que puedan distraer al bebé. Si el bebé no se anima al inicio juega a pasar algún juguete o muñeco por debajo de tus piernas y que él observe de qué va el juego. Háblale con chispa imitando el sonido de un tren que pasa por debajo del puente.

Beneficios

Tonifica los músculos de los brazos y las piernas. Favorece el desarrollo de las capacidades motrices. Estimula la alegría y la comunicación.

Bota y rebota

Coloca un cojín grande y bastante acolchado en el suelo. Con una música alegre, de ritmo constante y bien marcado, sostén al bebé con suavidad por debajo de sus brazos y colócalo de pie sobre el cojín. Siguiendo la música comienza a levantar y bajar al bebé de manera que tenga la sensación de rebote, como si él mismo se impulsara hacia arriba cada vez que toca el cojín.

Consejos

Puedes comenzar el ejercicio jugando y escuchando la música con el bebé al tiempo que sigues el ritmo con el cuerpo. Canta o háblale de manera divertida manteniendo el contacto visual con él en todo momento. Evita presionar al bebé al sostenerlo, incluso al elevarlo, hazlo de manera que quede por un instante en el aire. En algunos momentos puedes dejar libre al bebé sobre el cojín para que se mueva libremente con la música, estando siempre atenta con las manos cerca del bebé.

Beneficios

Aumenta el desarrollo psicomotriz. Favorece la tonicidad muscular del cuerpo. Estimula el equilibrio y el sentido del ritmo.

Abanico con las piernas

Tiende al bebé boca arriba en una superficie acolchada y segura. Coge con suavidad los tobillos del bebé y sepárale ligeramente las piernas, manteniéndoselas estiradas pero sin tensión. Seguidamente álzale una pierna y con un movimiento suave dibuja con la pierna un círculo hacia fuera, lo más amplio posible. Cuando terminas el círculo comienzas con la otra pierna, para realizar el mismo círculo hacia fuera. Has de seguir una continuidad en los movimientos, siguiendo un ritmo que divierta al bebé, sin prisa y lo más relajado posible.

Consejos

Realiza los movimientos lentamente, de manera alterna, una pierna sigue a la otra, trazando círculos continuos sin detenerte en cada pierna. Mantén el contacto visual con el bebé en todo momento. Háblale de lo divertido que es hacer abanicos con las piernas o cántale una canción que te permita seguir el ritmo del movimiento. Si el bebé se muestra incómodo o poco participativo, detén los movimientos y cambia de juego, sin reprobarle que no quiera cooperar.

Beneficios

Moviliza la articulación de la cadera. Mejora el desarrollo motriz. Favorece la circulación de las extremidades inferiores. Estimula el espíritu de diversión.

Pasito a pasito

Para este ejercicio requerirás un trozo de tela natural, como de 20 cm de ancho y un largo aproximado de metro y medio. Puede ser un pañuelo o bufanda de tejido suave que tenga más o menos las medidas indicadas. Una vez que hayas seleccionado la tela que vas a utilizar, colócasela al bebé de manera que le rodee el pecho y le pase por debajo de los brazos hacia atrás, para que puedas coger las puntas de la tela por detrás del bebé y sostenerlas con facilidad a una altura que te permita mantener la espalda erguida. Una vez que tienes ambas puntas de la tela en tus manos, levanta al bebé y tensa de la tela lo suficiente como para que el bebé quede de pie y bien sostenido por la tela. Una vez en esa

posición anima al bebé a caminar hacia donde él prefiera y
síguele por detrás, manteniendo bien sujeta la tela.

Consejos

Este ejercicio es ideal para llevarlo a cabo al aire libre, en un parque, sobre el césped o en la playa. Si se hace entre dos personas
resulta más efectivo porque mientras una persona sostiene al
bebé la otra juega o interacciona con él animándolo a seguirla
o simplemente a caminar. Aunque el bebé se sienta sostenido,
puede cansarse o querer sentarse para jugar, es importante
dejarlo a su aire, que camine y descanse o juegue a su ritmo, para
que pueda disfrutar de la sensación de caminar con los brazos
libres. También puedes darle al bebé un juguete o una pelota,
cualquier estímulo que le anime durante estos primeros pasos
resultará útil para que el bebé desee continuar con la actividad.

Beneficios

Estimula el desarrollo de la capacidad motriz. Facilita al bebé
experimentar la libertad de movimiento al caminar. Aporta
seguridad y prepara positivamente al bebé para la marcha.

Tercera parte

De los doce a los quince meses

✔ La musculatura de la espalda ya está tonificada, por lo que el niño tiene el control vertical de su cuerpo. La posición vertical le permite disfrutar de un campo visual más amplio, situación que beneficia su gran curiosidad. Además, la independencia que ha ganado al caminar influye notoriamente su personalidad. Cada vez le gusta ir más de su cuenta y, se revela con frecuencia ante los límites que le marcan.

✔ Aunque todavía suele perder el equilibrio, para el niño la posibilidad de levantarse, caminar, detenerse, ponerse de rodillas, subir gateando las escaleras, representa la mejor de las distracciones. Cada nuevo desplazamiento implica una aventura a la que se lanza con ímpetu y sin reflexionar. Para aprovechar al máximo esta etapa es necesario prevenir posibles accidentes. Ante una escalera el niño será capaz de subir pero no sabrá bajar, se detiene ante el vacío porque le produce temor. Con tiempo y paciencia hay que acompañarlo en este apasionante juego de subir y bajar unos pocos escalones. La alegría que demuestra el niño en estos momentos refleja claramente la sensación de victoria que le embarga.

✔ Es importante elegir buenos zapatos para el niño que ya camina. Necesita un buen soporte para la planta del pie, que le facilite la marcha y le prevenga la posible pérdida del arco plantar, lo cual dará lugar a un pie plano.

✔ Durante estos meses el niño descubre también lo diverti-do que puede ser empujar las cosas. Las sillas, mesas pequeñas, cualquier objeto que le sirva de apoyo le viene bien para intentar empujarlo y llevarlo de un lugar a otro. Es recomendable ofrecerle alguna silla o mueble que no sea ni muy pesada ni muy endeble, ya que este ejercicio le ayudará a desarrollar el tono muscular que necesita.

✔ Socialmente el niño muestra mucho interés por estar acom-pañado. Necesita la interacción con los demás para jugar y divertirse. Los hermanos mayores o los adultos son una fuente de entretenimiento. Ahora ya puede pegar a la pelo-ta con más fuerza, aunque por el esfuerzo puede perder el equilibrio y caer. También disfruta de las actividades que le ofrecen en la guardería, los juegos de construir, encajar, etc.

✔ Ante estos adelantos del bebé hay que mesurar el deseo de forzar sus posibilidades. A pesar de su aparente indepen-dencia, todavía no puede hacer las cosas por sí solo, hay que ayudarle permitiendo su participación hasta donde le sea posible. Vestirlo puede ser un verdadero suplicio, no le gusta que lo tiendan o le apresuren, es mejor mantenerlo en pie e indicarle lo que tiene que hacer para facilitar el ponerle la ropa. Para comer todavía no usa con facilidad la cuchara o el tenedor, cuando intenta comer por sí solo derrama comida en la mesa. Sin imponerse, la compañía le ayuda especialmente para ir adquiriendo mayor destreza.

✔ Gracias al control de la motricidad fina el niño ya puede coger el lápiz y realizar sus primeros trazos, dependiendo de sus intereses los momentos de utilizar el lápiz pueden ser cortos o más entretenidos. En esta etapa el niño realmente no dibuja ya que no le interesa representar nada, simplemente ha descubierto el lápiz y el papel con los que juega a hacer trazos libres, que casi siempre serán rayas horizontales o inclinadas.

✔ El niño necesita cada vez más espacio. Cuando lo meten en el parque al poco rato quiere salir a caminar y moverse con más libertad. Comienza a lanzar los objetos con fuerza hacia fuera como insinuando su propio deseo de salir. Todavía no sabe controlar su propia fuerza. El hecho de que tire de esa forma lo que tiene en las manos no representa una acción violenta en sí misma, corresponde más bien al proceso de aprendizaje natural del niño.

ELEMENTOS Y JUGUETES RECOMENDADOS PARA ESTA ETAPA

✔ Libros con ilustraciones más completas, postales y láminas de animales, plantas, etc.

✔ Plastilina, lápices, papeles.

✔ Juegos para encajar formas geométricas de colores.

✔ Puzzles sencillos de formas grandes.

✔ Juguetes para arrastrar y empujar.

✔ Caballito mecedora, triciclos, coches, trenes…

✔ Juguetes que imiten los objetos de casa: vajilla de plástico, muñecas, carritos, bolsos, etc.

ACTIVIDADES DE ESTIMULACIÓN

Masaje en la espalda

Tiende al bebé desnudo boca abajo sobre una superficie acolchada y segura. Fricciona tus manos para activar la circulación y obtener una temperatura agradable. Poco a poco lleva tus manos hacia su espalda y colócalas con suavidad sobre el centro de ésta, a ambos lados de la columna vertebral. Seguidamente desliza ambas manos en sentido opuesto: una hacia las nalgas y otra hacia los hombros. Una vez que llegas al punto más distante continúa el masaje deslizando las manos una hacia arriba y otra hacia abajo, manteniendo un ritmo lento y continuo. Una vez que termines el masaje no te detengas bruscamente, realiza roces suaves con las yemas de los dedos, desde los hombros hasta los pies y luego desde la cabeza hasta los pies.

Consejos

Cuida de no tener las manos frías ni ásperas. Utiliza el aceite que usas después del baño o una crema hidratante asegurándote que no esté fría. Realiza los movimientos con seguridad. Comienza con suavidad, luego imprime un poco más de intención en los movimientos sin ejercer demasiada presión, y para finalizar suaviza los roces. Háblale en todo momento o cántale una canción de cuna. También puedes darle su osito o juguete preferido para que lo sostenga cuando le haces el masaje.

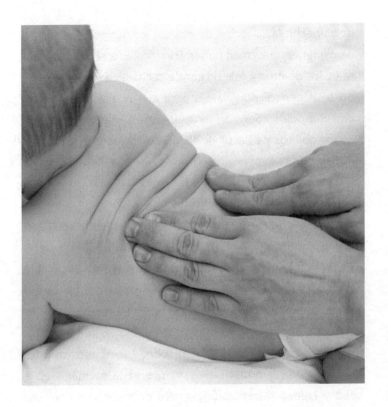

Beneficios
Relaja la musculatura de la espalda. Moviliza con suavidad la columna vertebral. Por efecto reflejo, favorece las funciones de los órganos internos.

Tun, pam, tun...

Para esta actividad necesitarás unos cinco o seis objetos diversos o utensilios domésticos, pequeños, que sean seguros y que produzcan sonidos diferentes. Una vez que hayas hecho la selección de objetos, colócalos en el suelo de manera que formen un semicírculo. Sitúa al bebé delante de los objetos y dale un par de cucharas de madera que no sean demasiado grandes para que pueda manipularla con comodidad. Seguidamente anímale a golpear cada uno de los objetos y a partir de allí déjalo libremente para que disfrute de la experiencia.

Consejos

Asegúrate de que los objetos que has seleccionado son seguros y no implican un riesgo para el bebé. Realiza esta actividad preferiblemente en su habitación, si esto no es posible, busca un lugar de la casa donde no tengas otros objetos que el bebé pudiera golpear con la cuchara. Tú también puedes tener una cuchara para animar al bebé a seguir un ritmo intentado que experimente con todos los objetos que has seleccionado. Aunque has de mantener la atención en el bebé y cuidar sus reacciones, permítele libertad para que experimente y descargue su propia energía.

Beneficios

Favorece el desarrollo de la capacidad psicomotriz. Estimula el sentido del ritmo. Tonifica los músculos de las manos y los brazos. Facilita la liberación de tensión.

Masaje en las piernas

Con el bebé desnudo y tendido boca arriba, en una superficie acolchada y segura. Colócate cómodamente frente a sus piernas. Fricciona un poco tus manos entre sí para activar la circulación y asegurarte que no están frías. Con delicadeza coloca las manos sobre los muslos del bebé, con el pulgar hacia la parte interna y los dedos hacia fuera, a modo de brazalete. Una vez en esta posición comienza haciendo una presión suave que liberarás casi inmediatamente. Al liberar la presión desplaza las manos un poco más abajo, hasta que queden por encima de las rodillas del bebé y realizas nuevamente la presión con suavidad. Continuas bajando haciendo presiones en diferentes zonas de las piernas a modo de bombeo, hasta llegar a los pies del bebé. Luego sales con delicadeza para volver a realizar el masaje si el bebé está dispuesto. Realízalo en ambas piernas.

Consejos

Cuida de tener las uñas cortas y sin asperezas. Antes de comenzar puedes jugar con el bebé y mostrarle cómo haces las mismas presiones en tus piernas. Háblale al bebé todo el tiempo, manteniendo el contacto visual con él. Relaja las manos y lleva el movimiento coordinado con ambas manos de manera que presiones con las dos al mismo tiempo. Si el bebé se muestra irritado o poco participativo, detén el masaje y proponle otro juego.

Beneficios

Favorece la circulación de las piernas. Estimula el desarrollo motriz de la extremidad inferior. Activa los puntos reflejos relacionados con los órganos internos.

Patear la pelota

Escoge una pelota mediana de color llamativo y de material suave. Sostén al bebé por debajo de los brazos, colócalo de pie y dándote la espalda, de manera que quedes detrás de él con la pelota por delante de sus pies. Anímale a patear la pelota con un pie, dirigiéndole al principio en el movimiento. Una vez que comience a patearla, lo vas ayudando a alcanzarla nuevamente para patearla una vez más. Al patearla nuevamente procura que lo haga con el otro pie, de manera que vaya alternando los pies mientras juega.

Consejos

Pueden jugar entre tres personas, de manera que la otra persona le devuelva la pelota al bebé cuando éste la patea. Si no tienes otro compañero de juego puedes jugar frente a una pared, manteniendo la distancia suficiente para que cuando el bebé patee la pelota ésta rebote en la pared y regrese. Háblale de manera divertida y anímale en todo momento, felicitándole por lo bien que lo hace.

Beneficios

Favorece el desarrollo de la coordinación motriz. Mejora el equilibrio, la observación y la precisión. Aumenta la capacidad respiratoria.

Sentadillas

Siéntate cómodamente en una superficie firme y segura. Coloca al bebé frente a ti de manera que os veáis de frente.

Cógelo por debajo de los brazos para ayudarlo a poner-se de pie mientras le sostienes. Con seguridad y confian-za empuja al bebé ligeramente hacia abajo de modo que doble las rodillas hasta que sus piernas formen un ángulo de 90°. Mantén la posición por unos segundos y luego súbele, estírale un poco y seguidamente lo bajas de nuevo para realizar una vez más el ejercicio.

Consejos

Cuida de no forzar ni presionar al bebé cuando lo sostienes. Puedes también optar por colocar al bebé de pie frente a una silla o mueble donde él pueda sostenerse con ayuda de sus manos y una vez en esa posición le llevas hacia abajo empu-jándole poco a poco por los hombros. Si es posible realiza tú el ejercicio sosteniéndote de una mesa o mueble que te venga cómodo, de manera que el bebé te observe cuando lo haces y le sea más fácil aceptar el ejercicio por imitación. Háblale y anímale cada vez que le bajas y subes. Este ejercicio se puede acompañar con una música o hacer sonidos como ¡Ahhhhhh! ¡Uffffffffff!, cuando se baja y cuando se sube. Si el bebé no se muestra a gusto intenta cambiar la dinámica o simplemente proponle bailar.

Beneficios

Mejora el equilibrio corporal. Tonifica los músculos de las piernas. Fortalece las articulaciones. Estimula la capacidad de resistencia del bebé.

La montaña

Siéntate con el bebé en una superficie acolchada y segura. Cruza tus piernas y ayuda al bebé a cruzar las suyas, mostrándole como se puede sentar igual que tú. Levanta y estira tus brazos, juntando las manos por encima de tu cabeza, mientras te aseguras de llamar la atención del bebé de manera que observe la posición de tus manos. Seguidamente ayúdalo a colocar sus brazos y manos en esa misma posición al tiempo que le invitas a soltar aire mientras mantiene la posición unos segundos. Luego bájale los brazos lentamente soltando el aire para que él también suelte el aire.

Consejos

Si al principio el bebé no puede cruzar bien sus piernas, puede dejarlas simplemente dobladas hacia dentro, hasta donde observes que se encuentra cómodo. En ningún momento has de forzar la posición, permitiendo que el bebé alcance sus propios límites. Exagera un poco la respiración tomando aire antes de subir las manos y soltándolo cuando las bajas, buscando que el bebé te imite al respirar. Juega a que se puede hacer un techo con las manos para proteger la cabeza. Mantén en todo momento el contacto visual con el bebé y observa sus reacciones. Si en algún momento se muestra irritado o no quiere continuar, cambia de ejercicio o invítale a jugar.

Beneficios

Tonifica los músculos del abdomen y los brazos. Mejora la movilidad de las rodillas y tobillos. Aumenta la capacidad respiratoria. Favorece el riego sanguíneo de las piernas.

Las caras en el espejo

Sitúate con el bebé frente a un espejo donde puedan verse las caras de ambos. Comienza llamando la atención del bebé para que vea tu cara y su cara en el espejo y las toque con las manos. Al tocarlas con las manos ve preguntándole y señalándole las partes de la cara, tanto en la tuya como en la del bebé. Así el bebé irá tocando en el espejo el lugar donde está la nariz, los ojos, las cejas, la boca, los mofletes, las orejas, el pelo, el cuello… al tiempo que las vas nombrando. Luego pregúntale: ¿dónde están las cejas?, ¿dónde está la boca?, ¿y los ojos, dónde están?… para que el bebé los señale en el espejo.

Consejos

Puedes comenzar la actividad jugando a mirarse las caras mutuamente y tocarse entre sí las partes de la cara, para luego pasar a encontrarlas en el espejo. Indícale al bebé que el espejo se toca muy suavemente, sin golpearlo, porque se puede hacer daño. Si el bebé muestra interés en la propuesta invítale a ver un poco más... abre la boca para ver qué hay dentro y para que toque la lengua y los dientes reflejados en el espejo. Colócate de lado para que se refleje tu perfil en el espejo y le pides al bebé que toque tus orejas. Cada vez que toque una parte de la cara en el espejo puede luego tocársela en su propia cara.

Beneficios

Favorece el desarrollo de las capacidades motrices. Adquiere más conocimiento de las partes de su cuerpo y mejora el lenguaje. Se estimula el sentido de la vista y la capacidad de observación. Estimula la curiosidad y la observación. Facilita la sorpresa.

El escalador

Con el bebé en tu regazo, siéntate cómodamente en el sofá o al borde de la cama. Seguidamente coge al bebé por debajo de los brazos y colócalo por delante de tus pies animándole a subir por tus piernas. Una vez que el bebé descubre el juego anímale a trepar hasta sentarse sobre tus muslos. Cuando ya ha subido y lo puedes ver cara a cara, salúdalo y regrésalo a la posición inicial para que te escale nuevamente.

Consejos

Mantén el contacto visual con el bebé en todo momento. Anímale y explícale a qué están jugando: tú eres la montaña y él la puede subir. No apresures al bebé, permite que suba a su ritmo. Puedes tener su osito o su juguete favorito en tu regazo y cuando el bebé suba lo felicitas y le ofreces el juguete. Ha de sentir que ha hecho una verdadera proeza que le llena de alegría y satisfacción.

Beneficios

Tonifica los músculos de la espalda y de las piernas. Estimula las funciones motrices de desplazamiento. Mejora el equilibrio. Favorece la curiosidad, el asombro y la capacidad de exploración.

La campana

Sitúate de pie con las piernas separadas lo más posible y las rodillas ligeramente dobladas para mantener mejor el equilibrio. Coge al bebé por los antebrazos de manera que lo tengas frente a ti. Levanta ligeramente al bebé lo suficiente como para que le queden los pies en el aire. Seguidamente comienza a balancearlo hacia delante y hacia atrás, de forma que sus piernas pasen por debajo de las tuyas. Mantén un ritmo constante y divertido.

Consejos

Generalmente los bebés siempre están dispuestos para este juego, pero si no es el caso comienza poco a poco alzando al bebé y balanceándolo lentamente. Cuando el bebé ya está animado puedes cambiar el sentido del balanceo y moverlo de derecha a izquierda, alternando las direcciones. Mantén el contacto visual con el bebé y háblale con chispa utilizando onomatopeyas: «La campana suena, ¡ding!, ¡dong!, ¡ding!, ¡dong!...». Si observas que el bebé está molesto y quiere soltarse, detén el movimiento abraza al bebé e invítale a cambiar de actividad.

Beneficios
Desarrolla la capacidad de orientación (espacio-tiempo). Estimula el sentido del equilibrio. Favorece los sentimientos de confianza y seguridad. Aporta alegría y dinamismo al bebé.

Caballito

Siéntate cómodamente en una silla y coloca unos cojines entre la espalda y el respaldo para tener mejor soporte. Ya con el bebé en tu regazo, separa las piernas ligeramente y coloca al bebé sobre uno de tus muslos a manera de jinete, de forma que quede frente a ti, y se puedan mirar mutuamente. Sosteniendo al bebé por sus brazos, levanta el talón del suelo para comenzar a mover el muslo hacia arriba y hacia abajo, de manera que simules con el movimiento el trote de un caballo.

Consejos
Dependiendo del peso y el tamaño del bebé puedes colocarlo sobre un muslo o sobre los dos. Este juego también se

puede hacer frente a un espejo, con el bebé de espalda a ti, de manera que se puedan ver ambos a través del espejo. Mientras haces el movimiento de trote, mantén sujeto al bebé con seguridad pero sin apretarlo demasiado. Si el bebé se muestra divertido aumenta el ritmo progresivamente. En algunos momentos juega a que el caballo se detiene porque está cansado y luego comienza nuevamente a trotar. Mantén en todo momento el contacto visual con el bebé. Háblale con entusiasmo y anímale a trotar: «¡Arre, arre caballito!... ¡Mira qué paisaje más bonito!».

Beneficios
Tonifica los músculos de la espalda y las piernas. Mejora el sentido del equilibrio. Estimula la imaginación. Favorece el desarrollo de la capacidad psicomotriz.

Masaje en la cadera y en la región lumbar
Con el bebé desnudo y tendido boca abajo en una superficie acolchada y segura. Realiza un masaje suave deslizando las manos desde los lados de la columna vertebral hacia los costados, describiendo círculos. Cubre toda la espalda incluyendo las nalgas del bebé. Realiza los movimientos varias veces sin detenerte, siguiendo un ritmo calmado, con suavidad y ternura.

Consejos
Utiliza luz indirecta en la habitación y asegúrate de que la temperatura de la habitación es la adecuada. Utiliza la crema

o aceite que usas habitualmente para el bebé. Háblale mientras le das el masaje. Mantén las manos relajadas y asegúrate de tener las uñas cortas y sin asperezas. Háblale o cántale una nana mientras le das el masaje.

Beneficios
Relaja la musculatura de la parte baja de la espalda. Favorece la circulación sanguínea. Estimula las funciones renales del bebé. Mejora la motricidad de la extremidad inferior.

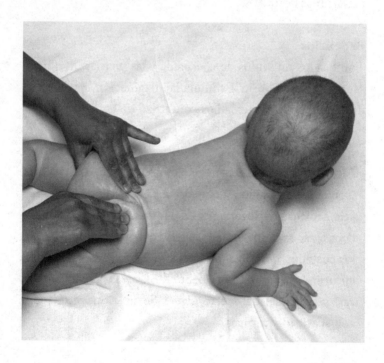

De los 15 a los 18 meses

✔ El niño desborda vitalidad. Aunque se caiga con frecuencia corre con las piernas separadas para mantener mejor el equilibrio. Salta sobre ambos pies y a veces camina para atrás. Si camina con algún objeto en la mano puede soltarlo sin detenerse. También puede agacharse para recoger algo del suelo adoptando la posición de cuclillas. Tanto si lanza la pelota con las manos como si la chuta con los pies ya no se cae.

✔ Ya es capaz de desvestirse siempre y cuando lleve prendas sencillas de quitar, que no tengan botones ni cremalleras. Si lleva zapatos sin cordones se los puede quitar sin ayuda.

✔ Al momento de comer ya demuestra más habilidad para usar la cuchara y no derrama la comida sobre la mesa. Puede comer sin ayuda y si le gusta mucho lo que está comiendo lo manifiesta a su manera, al igual que rechaza los sabores que no le gustan.

✔ Comienza a mostrar más interés por el dibujo. Cuando dibuja pareciera que intentara imitar la escritura de los adultos. Más adelante realiza sus primeros garabatos, que le llevan a descubrir y sorprenderse ante sus posibilidades para crear. Generalmente en esta etapa inicial el niño adquiere un dominio particular dibujando espirales que se sobreponen unos con otros. Los dibuja una y otra vez, de diversos tamaños, cada vez más precisos… cada trazo que hace representa una alegría para el niño, algo que no estaba y que él ha sido capaz de hacer aparecer, como si de magia se tratara.

✔ El niño ya identifica y recuerda las ilustraciones de sus libros. Si se le ha enseñado puede nombrar uno o dos de los personajes de los cuentos, preferiblemente animales. Ya reconoce y nombra los objetos que le son familiares, al igual que si se le pregunta sabe indicar las partes de su cuerpo.

✔ Le gusta demostrar sus adelantos en la comprensión del lenguaje. Cuando se le indica hacer algo que corresponde con su rutina diaria lo entiende y lo realiza. Este desarrollo de la comprensión le permite indicar que tiene el pañal mojado. Empieza a controlar sus esfínteres, lo cual indica que es el momento de comenzar a enseñarle a usar el orinal.

✔ Descubre el poder del lenguaje verbal. Cuando intenta componer una frase generalmente se coloca de primero. Le gusta participar de las conversaciones que escucha a su alrededor y si no logra llamar la atención comienza a elevar el tono de su voz hasta que se den cuenta de que quiere decir algo. Esta actitud del niño es más un reclamo que una verdadera necesidad de comunicarse. Cuando los mayores hablan y se divierten entre ellos, el niño se siente ignorado e intenta interrumpir la actividad en la que no puede participar.

✔ Todavía le resulta difícil establecer un diálogo. Necesita que le estimulen y le enseñen el arte de la conversación. Sin mayores imposiciones hay que ayudarle a comprender que al dialogar hay tiempos de escucha y tiempos para responder. Animarle a conversar, a expresarse a través del habla, encontrar la manera de manifestar sus sentimientos y expresar lo que piensa.

✔ Con respecto al lenguaje, no hay que obsesionarse por exigirle un pronunciación perfecta. Es importante evitar hablar al niño con expresiones que intentan imitar el lenguaje infantil. Lo más indicado es pronunciar con claridad pero utilizar palabras sencillas. Pretender enseñar un vocabulario intelectual al niño es presionarle a saltar etapas en el aprendizaje verbal. Los términos simples, tiernos y afectivos le ayudan a seguir con armonía la progresión natural en su utilización del lenguaje.

ELEMENTOS Y JUGUETES RECOMENDADOS PARA ESTA ETAPA

✔ Juguetes con sonido, que giren, rueden o se desplacen en el espacio.
✔ Juegos con los que puedan llenar, vaciar, derramar, mezclar o revolver.
✔ Materiales para experimentar con el dibujo
✔ Juegos para enhebrar y encajar piezas algo más pequeñas.

ACTIVIDADES DE ESTIMULACIÓN

Búsqueda sonora

Selecciona un objeto que tenga un sonido preciso y constante, como puede ser un reloj, una caja de música, la radio, etc. Esconde el objeto en un lugar seguro y de fácil acceso para el bebé: detrás de la puerta, detrás de un cojín, debajo de la cama, entre las sábanas, etc., seguidamente anima al bebé a escuchar ese sonido y a buscar el lugar desde dónde

proviene. Una vez que el bebé lo encuentra, escóndelo nuevamente en el mismo lugar o en otro diferente.

Consejos

Antes de esconder el objeto y comenzar la búsqueda, juega un
rato con el bebé mostrándole el objeto que suena y escuchando su sonido. Si el bebé es ágil para seguir el rastro sonoro y se
muestra interesado por el juego, puedes cambiar de objeto o
incluso agregar uno nuevo, para buscar dos sonidos diferentes.
Al inicio o al final del juego puedes jugar con el bebé a repro-

ducir distintos sonidos, ya sean a partir de los objetos seleccionados o de invención propia. Has de procurar mantener el
espacio en silencio y sin hablar mucho para que el bebé pueda
escuchar mejor el sonido que busca. No apresures al bebé a
encontrar el lugar de dónde sale el sonido, permítele buscar a
su tiempo y en caso de que no lo encuentre, facilítale con sensibilidad la búsqueda, dirigiéndolo hacia el lugar correcto.

Beneficios
Aumenta la capacidad auditiva y el sentido de la orientación.
Favorece la relación con el entorno. Estimula sus capacidades
cognitivas. Facilita la sorpresa y la asertividad.

Escondite Express

Para esta actividad necesitas una caja que no tenga tapa. De
tamaño no muy grande, puede ser de zapatos o de una
medida similar. Una vez que tengas la caja seleccionada,
comienza a jugar con el bebé utilizando algunos de sus objetos preferidos. Mientras juegas selecciona un juguete, que
el bebé conozca por su nombre, preferiblemente de un
tamaño pequeño, para que puedas tapar con la caja. Luego
disimulando o intentando que el bebé no observe tus movimientos esconde el juguete debajo de la caja y seguidamente preguntas al bebé donde está ese juguete. Cuando el
bebé comience a buscar haz algún sonido con la caja para
llamar la atención del bebé sobre ésta. Una vez que el bebé
lo encuentra, continúa el juego escondiendo el mismo objeto o uno diferente, pero siempre dentro de la misma caja.

Consejos

Observa al bebé cuando inicia la primera búsqueda y si no se ha dado cuanta de la presencia de la caja, permítele unos momentos buscar sin tu intervención. Si el bebé tarda en encontrar el objeto comienza a ayudarlo dándole las pistas que necesita. Después de encontrar el juguete la primera vez y de comprender que se esconden debajo de la caja, es recomendable no cambiar del lugar del escondite, porque para el bebé es igual de divertido o incluso más aún si sabe de antemano dónde están los juguetes. Háblale con expresividad y con algo de fantasía: «¿Dónde se ha metido el osito? ¡Vamos a encontrarlo! ¡Ah! Aquí estás osito travieso... te encontré, ¡¡¡¡muy bien!!!!».

Beneficios

Favorece la relación espacio-ubicación y tiempo. Facilita nuevas formas de relacionarse con el entorno. Estimula la memoria, fantasía y capacidad de sorpresa. Mejora el desarrollo de la motricidad.

Soplar burbujas

Prepara una solución de agua jabonosa en un recipiente de boca ancha en el que puedan meter las manos tú y el bebé. Una vez que tengas la solución preparada invita al bebé a meter las manos contigo en el recipiente, para sentir la textura suave y resbaladiza del agua con jabón en las manos. Luego comienza a agitar las manos para que el bebé te imite y de esta manera se forme bastante espuma. Una vez que hay suficiente espuma en el recipiente, coge con una mano la espuma y sóplala para que las burbujas se desprendan y vuelen en el aire. Invita al bebé a hacer lo mismo y ayúdale a soplar sus burbujas para que también vuelen alto.

Consejos

Para preparar la solución jabonosa utiliza preferiblemente un gel de baño o un champú suave, que puede ser el mismo que usas para el bebé, de manera que evites alergias o irritaciones.

Si agregas al agua colorante alimenticio será mucho más estimulante y el bebé se sentirá más interesado por jugar. Anima al bebé a soplar la espuma y luego a coger la espuma en el aire. Puedes realizar la actividad al aire libre, en un día de verano, entonces puedes tener al bebé desnudo, para que después de jugar un rato se comience a restregar la espuma por el cuerpo, cuidando de no tocar los ojos. También puedes proponer este juego durante el baño lo cual te facilitará quitar la espuma del bebé después de jugar.

Beneficios
Tonifica los músculos de la boca. Mejora la psicomotricidad. Amplia la capacidad respiratoria. Estimula la fantasía y la creatividad. Facilita la sensibilidad corporal.

La bicicleta

Con el bebé tendido boca arriba en una superficie acolchada y segura, siéntate cómodamente frente a él de manera que puedas cogerle los pies con facilidad. Seguidamente coge los talones del bebé con suavidad, de forma que las plantas de los pies queden frente a ti. Lentamente comienza a empujar un pie hacia el pecho del bebé observando que doble la rodilla, con un movimiento circular que regresa al punto de partida y luego realizas el mismo movimiento con la otra pierna. Realiza los movimientos de manera continua, a semejanza del movimiento que realizamos con las piernas cuando vamos en bicicleta.

Consejos

Para animar al bebé a participar juega previamente con él y tiéndete para demostrarle cómo es el movimiento. Puede que al querer imitarte el bebé se tienda e intente realizarlo por sí mismo, en ese momento comienzas ayudarle, teniendo cuidado de no forzar el movimiento y no apretarle los pies cuando lo ayudas. Mantén en todo momento el contacto visual con el bebé y háblale con entusiasmo jugando a «montar en bici». En este ejercicio es recomendable seguir un ritmo más bien lento y mantener la coordinación de los movimientos, sin tensar demasiado las piernas del bebé cuando las estiras ni empujarlas hasta el límite. Es ideal si las rodillas se mantienen siempre un poco flexionadas.

Beneficios

Moviliza las articulaciones de las caderas y las piernas. Favorece el desarrollo de la motricidad para la marcha. Tonifica los músculos de la extremidad inferior. Estimula la circulación sanguínea.

Pum, pum, el corazón

Siéntate cómodamente con el bebé en tu regazo de manera que lo tengas frente a ti. Luego coloca tus manos sobre tu propio pecho a la altura del corazón. Seguidamente comienza a reproducir los sonidos del corazón: con la yemas de los dedos haces una percusión suave sobre el pecho, pum, pum y seguidamente liberas y abres los dedos, sshiii, sshii, siguiendo un ritmo lento al tiempo que vocalizas los sonidos y permites que el bebé pueda observar lo que haces, para que le resulte más sencillo de comenzar a imitarte. Una vez que comiences la actividad, si el bebé no intenta imitar tus movimientos, comienza a tocarle el pechito y a reproducir los latidos de su corazón en su cuerpo. Luego puedes tomar suavemente sus manos y llevárselas hacia su propio pecho y animarle a imitar los latidos.

Consejos

Mantén en todo momento el contacto visual con el bebé. Háblale bajito mientras vas reproduciendo los sonidos: «¿Qué suena? ¡El corazón! ¡Late que te late! ¡Pum! ¡Sshii!, es como un suave tambor». Intenta mantener el interés del bebé como si se tratara de algo misterioso y divertido, para que el bebé se concentre en la actividad. Es importante que los golpes y los sonidos que se reproducen sean muy suaves, como tratando de imitar un sonido interior. Una vez que haya jugado un rato puedes proponer un intercambio: tú tocas su corazón mientras él toca el tuyo. Después de jugar con las variantes, coge un cojín o una almohada que tengas a mano y entre ambos continuar haciendo la percusión sobre el cojín intentado mantener el mismo ritmo y acompañándolo con los sonidos vocales. Igualmente lo puedes hacer con un osito o algún peluche preferido del bebé.

Beneficios

Mejora el desarrollo del sistema motriz. Favorece la capacidad de escucha y la coordinación entre voz y movimiento. Facilita el conocimiento del propio cuerpo.

Estirando las piernas

Tiende al bebé boca arriba, con las piernas estiradas, en una superficie acolchada y segura. Coge con suavidad una de sus piernas por el tobillo para comenzar a levantarla muy lentamente hasta que quede en posición vertical. Luego comienza a llevarla hacia el pecho y el hombro contrario del bebé, hasta que sientas que llega al límite natural del estiramiento. Mantén la posición unos segundos y seguidamente relaja y comienza a bajar lentamente la pierna hasta la posición inicial. Realiza el mismo procedimiento por la otra pierna animando al bebé a soltar el aire cuando la vas estirando.

Consejos

Para que el bebé se interese por este ejercicio, podrían participar dos adultos, de manera que primero se hacen el estiramiento entre ellos solicitando «ayuda» del bebé para que levante y estire las piernas de uno de ellos y así lo van haciendo por turnos, de manera que luego de ver y participar en el ejercicio, al bebé le toque su turno de tenderse y dejar que le estiren las piernas. Mientras se realiza el estiramiento es necesario mantener el contacto visual con el bebé en todo momento y hablarle con voz suave animándolo a permitir que le movilicen. Con respecto a la respiración, para que el bebé entienda cómo tiene que respirar hay que exagerar la propia respiración al tiempo que se le invita a soltar el aire, como si soplara una vela.

Beneficios

Estira los músculos posteriores de las piernas. Estimula el sistema nervioso central. Tonifica las articulaciones. Aumenta la consciencia respiratoria.

El péndulo

Con el bebé tendido cómodamente boca arriba, con las piernas estiradas y los pies juntos, sobre una superficie cómoda y segura. Coge los pies del bebé sosteniéndolos por los talones con suavidad y firmeza. Seguidamente levántale ambas piernas un par de palmos del suelo, para a continuación comenzar a realizar un movimiento de balanceo con las piernas a modo de péndulo, oscilante de izquierda a derecha y de regreso...Comienza el movimiento lentamente y poco a poco aumenta el ritmo, para terminar reduciendo poco a poco los movimientos hasta que detengas las piernas completamente y se las bajes a la posición inicial.

Consejos

Durante todo el ejercicio es importante que mantengas el contacto visual con el bebé. Imprime a los movimientos alegría y dinamismo para que el bebé se divierta y te permita movilizarlo con mayor libertad. Mientras realizas los balanceos, háblale a manera de juego: así se mueven las ramas de los árboles con el viento, una para arriba, otra para abajo... Si en algún momento el bebé se muestra irritado y poco participativo, detén el ejercicio, abrázalo y proponle otra actividad.

Beneficios

Beneficia el tono de las piernas. Estimula la circulación periférica. Favorece el desarrollo de las funciones motrices para la marcha. Mejora la movilidad de la columna vertebral.

La liebre dormida

Coloca al bebé de rodillas y sentado sobre sus talones, sobre un superficie acolchada y segura. Coloca una almohada pequeña o un cojín por delante de sus rodillas. Inclina el cuerpo del bebé hacia delante de manera que su pecho descanse sobre el cojín y su cabeza quede un poco hacia abajo. Una vez en esa posición ayúdale a colocar los brazos a los lados del cuerpo e invítale a cerrar los ojos para jugar el juego de la liebre dormida, intentando que se mantenga en la posición el mayor tiempo posible.

Consejos

Para que el bebé comprenda lo que le estás proponiendo lo mejor es comenzar realizando tú misma el ejercicio, permitiendo que él te observe y se interese por el juego. Para ello lo mejor es disponer de dos cojines y del espacio suficiente para que ambos se coloquen en la postura de la liebre dormida. Lo más probable es que una vez que te coloques en la posición el bebé intente imitarte para seguirte el juego, es en ese momento en el que puedes ayudarle a encontrar la postura que te proponemos. Háblale con fantasía animándolo a ser como una liebre dormida: ¿Y cómo duermen las liebres? Puedes realizar este ejercicio sobre el césped, al aire libre, en un entorno donde el bebé disfrutará aún más de la fantasía que acompaña la propuesta. También puedes cambiar de animal o personaje, por uno que sea conocido por el bebé o que pertenezca a alguno de sus cuentos preferidos.

Beneficios

Estira los músculos de la espalda. Aumenta el riego sanguíneo hacia la cabeza y la cara. Relaja el sistema nervioso. Estimula la fantasía y la imaginación. Favorece la capacidad de observación.

La croqueta

Siéntate cómodamente en el borde del sofá o de la cama. Estira las piernas lo más posible y mantén los pies juntos pero sin tensión. Coloca al bebé sobre tu regazo frente a ti, con el cuerpo extendido horizontalmente sobre tu abdomen, cuidando que mantenga los brazos a los lados del cuerpo. Una vez que adopte la postura lo has de sujetar para ofrecerle apoyo y comenzar a hacerlo rodar a lo largo de tus piernas hacia abajo, hasta que llegue a tus pies, para luego comenzar de nuevo.

Consejos

Para que el deslizamiento del bebé por tus piernas sea más sencillo puedes colocarte una manta doblada sobre las piernas. Sostén en todo momento al bebé con seguridad, permitiendo que su cuerpo pueda rodar. Has de controlar un poco los movimientos al rodar, de manera que sean más bien lentos, y que el bebé no se precipite bruscamente. Háblale con ánimo y espíritu de aventura. También puedes realizar este ejercicio sobre una superficie acolchada, sosteniendo al bebé y haciéndolo rodar con tus manos, o crear con cojines una estructura de colina o pendiente donde puedas hacer rodar al bebé, cuidando de que no tenga demasiada inclinación y sosteniéndolo siempre en el movimiento. Si en algún momento el bebé se muestra poco participativo, detén la actividad y déjalo que te proponga a qué quiere jugar.

Beneficios
Tonifica los músculos en general. Favorece la relación espacio-cuerpo-tiempo. Favorece el sentido del equilibrio. Flexibiliza la columna vertebral.

La toalla voladora
En un espacio amplio y con posibilidades de desplazamiento, coloca una toalla grande o una sábana doblada sobre una superficie cómoda y segura. Coloca al bebé cómodamente sentado en el centro de la toalla. Invítale a abrir sus brazos extendidos, a la altura de sus hombros como si fuesen alas. Seguidamente toma por uno de los lados los extremos de la toalla y comienza lentamente a moverla, de manera que el bebé inicie un viaje sobre la toalla. Desplaza la toalla lo más que puedas, cambiando las

direcciones de desplazamiento para llevar al bebé a diferentes sitios.

Consejos

Para que el bebé entienda lo que le propones, previamente puedes comenzar colocando en la toalla alguno de sus juguetes preferidos y moverlos por el espacio, para luego invitarle a subir a la toalla junto con sus juguetes. Si el bebé no desea colocarse en la posición sugerida, puede mantenerse tendido tanto boca abajo como boca arriba, lo importante es que se encuentre cómodo para que esté más dispuesto a realizar la actividad. Mantén en todo momento tu atención en las reacciones del bebé. Háblale con frescura, usando tu imaginación y estimulando el ánimo aventurero. Mientras le desplazas puedes ir nombrado los lugares que está visitando. También puedes detener por momentos el viaje para jugar a que se baje de la nave y se vuelve a montar para continuar hacia otro lugar. Para que el bebé se anime y participe más puedes preguntarle hacia dónde quiere ir y llevarlo adonde te señale.

Beneficios

Favorece el sentido del equilibrio. Flexibiliza las articulaciones. Tonifica los musculos. Estimula la imaginación y la creatividad.

Estirar y girar

Para este ejercicio se necesita la participación de dos adultos. Tiende al bebé boca arriba y completamente estirado, sobre una superficie acolchada y segura. Una persona se ha de colocar frente a la cabeza del bebé y suavemente tomarle las manos y estirarle los brazos por encima de su cabeza, al tiempo que la otra persona se coloca a los pies del bebé para sujetarlo por los talones, con cuidado de no apretarlos demasiado. Una vez que ambas personas tienen al bebé sujetado con seguridad lo estiran suavemente sin forzar sus límites. Seguidamente lo hacen girar sobre su propio cuerpo con un movimiento muy lento, hacia un lado y hacia otro. Para finalizar llevando al bebé a la posición inicial.

Consejos

Para introducir la actividad al bebé ambas personas pueden tenderse con el bebé en el medio y jugar a estirarse extendiendo brazos y piernas. Una vez que comienzan los movimientos es importante que estos estén coordinados para evitar la tensión al bebé. Los estiramientos han de ser progresivos y muy suaves, tanto al inicio como en el momento de relajar las extremidades. Hay que evitar cualquier movimiento brusco. Después de hacer el primer estiramiento de brazos y piernas, pueden alternar el ejercicio y estirar primero un brazo y la pierna contraria, para luego estirar los otros dos. Cuando se le hacen los giros al bebé la persona correspondiente ha de juntar las manos o los pies del bebé para sostenerlos con una sola mano, de manera que facilite el giro.

Beneficios

Favorece la apertura articular. Tonifica la musculatura de las extremidades. Estimula la circulación sanguínea. Facilita la percepción del propio cuerpo.

Balanceo suave de la espalda

Con el bebé tendido boca abajo, coloca una mano en la parte alta de su espalda y la otra en las nalgas. Con la mano que se encuentra en las nalgas realiza un movimiento suave de balanceo manteniendo un ritmo lento, al tiempo que con la otra mano percibes cómo se moviliza la espalda y especialmente la columna vertebral.

Consejos

Mantén las manos lo más relajadas posibles. Visualiza el movimiento como la brisa al mecer las hojas. No fuerces el movimiento ni aceleres el ritmo. Háblale al bebé con calma o cántale una nana.

Beneficios

Relaja la musculatura de la espalda. Favorece el movimiento natural de la columna vertebral. Aporta seguridad psico-emocinal.

De los 18 a los 24 meses

✔ Cuando llega el segundo cumpleaños, el niño mantiene mejor el equilibrio de su cuerpo en todas las posiciones. Es capaz de subir y bajar las escaleras sin necesidad que le ayuden. Cada vez se cae menos, le gusta dar uso a sus nuevas capacidades; baila, salta sobre ambos pies, hace giros, juega al balón con más libertad. Puede correr más rápido siguiendo una dirección definida.

✔ Disfruta especialmente de los movimientos rítmicos. Es el momento ideal para comenzar a enseñarle canciones acompañadas de gestos y bailes, que puede repetir una y otra vez. Intentará llevar el ritmo de la música coordinando los movimientos de manos y pies. Si observa a alguien bailar le sigue e intenta imitar sus movimientos.

✔ Sus adelantos con respecto a la coordinación motriz le permiten una mayor destreza manual. Es el momento de comenzar a utilizar la muñeca junto con el antebrazo para abrir y cerrar las puertas. Le resulta más sencillo vestirse, pasar las páginas de los libros.

✔ Demuestra interés por participar en las actividades de los adultos. Quiere colaborar en las tareas domésticas y acepta con buen humor cuando le solicitan su ayuda en algo que se siente capaz de llevar a cabo.

✔ Su capacidad de comprensión aumenta cada día. Ya es capaz de identificar y nombrar varias partes de su cuerpo, sus juguetes cotidianos, los objetos más familiares, los personajes de sus cuentos. Entiende lo que se le pie y muestra un mayor control de sus esfínteres. Puede ser que ya comienza a ir solo al lavabo pero necesita ayuda porque todavía no se sabe limpiar solo.

✔ Aunque es un período de mucho movimiento, a los dos años el niño disfruta también de estar tranquilo con alguna actividad que implique más la reflexión y el uso de la motricidad fina, como pueden ser los juegos de armar, levantar torres o pequeñas construcciones, puzzles de formas grandes y sencillas, experimentar con sus dibujos de garabatos. Por muy simple que parezca para el niño sacar y meter cosas en una caja continúa siendo un gran divertimento.

✔ Los elementos naturales le causan fascinación. Jugar con la tierra, el agua, el barro, la arena… le brinda la oportunidad de relacionarse directamente con la naturaleza. Se le observa absorto en las sensaciones que estos materiales le producen, además de que representan un excelente ejercicio para desarrollar sus habilidades creativas y manuales.

✔ El momento del baño es también una oportunidad para relajarse y disfrutar. Puede jugar con el agua y crear un espacio para la imaginación. Incluso el sencillo acto de lavarse las manos representa más un placer que una necesidad de limpiarse.

✔ Sus conversaciones son cada vez más complejas, especialmente los monólogos que se le escuchan cuando está entretenido jugando. Puede que nos sorprenda la elocuencia del niño cuando habla mientras está solo, es como si pensara en voz alta, sin importarle que le entiendan, ya que para él es una manera natural de hacerse compañía.

✔ Generalmente en esta edad el niño se comporta diferente en casa que en la guardería. Aunque todavía no sabe cómo jugar con otros niños, puede que sea más obediente en el espacio donde le dejan cada día para jugar y aprender cosas diferentes. No es precisamente la edad de la generosidad. Para el niño compartir es una acción desagradable, siente que le quitan lo suyo y se muestra egoísta ante estas situaciones. En este aspecto la guardería es un buen espacio para aprender juegos colectivos que impliquen compartir y llegar a acuerdos amistosos. Las muestras de cariño y rechazo hacia sus nuevos compañeros se alternan sin razón aparente: lo mismo puede ser un empujón o un mordisco que un abrazo apretado en un arrebato de emoción.

✔ Esta es también la edad en que salen a la luz sus pequeñas manías. Tiene sus preferencias en cuanto a la comida, los juguetes, las personas… y quiere hacer las cosas sin ayuda. Puede llegar a ser muy autoritario e intentar imponer sus deseos sobre los demás, como indicarles el lugar donde él quiere que se sienten o quién ha de entrar primero a la casa (siempre será él mismo). Son momentos difíciles para los padres, hay que mantenerse firmes sin llegar a los gritos ni grandes reprimendas. Con ternura y paciencia hay que encontrar la manera de ayudarle a socializar y hacerle comprender que no es el dueño del mundo.

✔ Los rituales le facilitan la hora de irse a dormir. La lectura de un cuento, su peluche favorito, alguna luz indirecta que entra en la habitación, no cerrar la puerta, el beso de las buenas noches… se convierten en facilitadores del sueño, le aportan la seguridad que necesita para cerrar los ojos y dormir con tranquilidad.

✔ Los evidentes adelantos del niño le llevan continuamente a mostrar una mayor autonomía. Esta autonomía puede representar un riesgo para el niño, que todavía no tiene claridad de lo que representa el peligro. Un balcón, una bolsa de plástico, un frasco de medicinas… pueden parecerle otra forma de jugar. Los padres han de estar atentos, vigilar los espacios y objetos que están al alcance del niño para evitar así posibles accidentes y velar por su bienestar.

ELEMENTOS Y JUGUETES RECOMENDADOS PARA ESTA ETAPA

✔ Juguetes con sonido, que giren, rueden o se desplacen en el espacio.

✔ Juegos con los que puedan llenar, vaciar, derramar, mezclar o revolver.

✔ Materiales para experimentar con el dibujo.

✔ Juegos para enhebrar y encajar piezas un poco más pequeñas.

ACTIVIDADES DE ESTIMULACIÓN

Puzzle casero

Para esta actividad necesitarás dos láminas con dibujos de tamaño mediano que puedas recortar en varios trozos. Una vez las tengas toma una de éstas y dale la vuelta, luego con un lápiz y una regla dibuja líneas rectas, dividiendo en forma de cuadrícula la superficie total de la lámina, con un máximo de diez o doce partes, a modo de puzzle pero con la diferencia de que las partes serán cuadrados sencillos con límites rectos. Una vez que tengas dibujadas las divisiones en el reverso de la lámina comienza a recortarlas con cuidado, hasta que la tengas en pedazos. Luego dale la vuelta a todas las partes y colócalas de manera que la imagen de la lámina quede completa. Una

vez que tengas el puzzle completo invita al bebé a mirar-
lo para que pueda verlo junto con la lámina que no has
recortado y que tiene el mismo dibujo. Enséñale bien las
figuras que contiene y dónde están ubicadas, para que las
observe con atención, incluyendo los detalles. Seguidamente pídele al bebé que te ayude a separar las partes
para desarmar el puzzle y comienza con él a armarlo nuevamente, teniendo como referencia la lámina que está
completa.

Consejos

Para la selección de la lámina es ideal que busques alguna
que tenga figuras de animales, o dibujos infantiles, que
estén bien definidos y no resulten muy complejos. Es preferible una imagen con un solo animal o una flor grande,
que una donde aparezcan muchos animales, o que conten-
ga demasiados detalles pequeños. El tamaño puede ser de
unos 40 cm de manera que llame la atención del bebé. Las
divisiones han de ser de unos 10 cm aproximadamente, para
que al recortarlas se pueda ver una buena parte del dibujo y
el niño lo pueda identificar fácilmente. Si te es posible será
ideal que pegues las partes del puzzle sobre láminas de cartón para que tengan más consistencia. Una vez que comienza el bebé a armar el puzzle has de ayudarlo a encontrar las
partes, identificarlas y colocarlas. El bebé necesitará completar el puzzle varias veces y pronto llegará el momento en
que lo pueda hacer sin tu ayuda, por lo tanto guárdalo en
una caja donde él lo pueda coger cada vez que quiera jugar
con éste.

Beneficios

Favorece la capacidad de atención. Desarrolla la motricidad fina. Facilita el desarrollo de la memoria visual. Estimula la comunicación y la capacidad de asociación

La linterna mágica

Esta actividad se ha de realizar preferiblemente durante las horas de menos luz, intentado que la habitación donde la lleves a cabo quede en penumbras, sin necesidad de tener una oscuridad total. También necesitas una linterna que no produzca una luz demasiado intensa, para que el foco que ilumine sea más bien reducido. Siéntate cómodamente en la habitación, con las luces apagadas con el bebé en tu regazo. Una vez que estás lista enciende la linterna y sosteniéndola junto con el bebé comienza a moverla para iluminar diferentes zonas de la habitación, incluyendo el techo y el suelo. Cada vez que se ilumina una forma reconocible, muestras admiración y le preguntas: qué será eso que estamos viendo. Si el bebé todavía no conoce la palabra exacta para poder identificar la forma que le señalas, le has de ayudar pronunciando la palabra lentamente y con claridad, de manera que te escuche e intente aprenderla para poder decirla.

Consejos

Para que el bebé aprenda el uso de la linterna y adquiera confianza con la oscuridad, previamente le puedes enseñar cómo se enciende y apaga la linterna que además se puede mover para iluminar lo que le interesa. Antes de comenzar la actividad puedes mostrarle la diferencia que hay entre usar la linterna con las luces encendidas y con las luces apagadas. Cuando ya vayas a comenzar pídele que te ayude a apagar las luces, ya que esto le dará más confianza durante la actividad.

Beneficios

Ayuda a perder el miedo a la oscuridad. Favorece la observación y la capacidad de identificar. Estimula el aprendizaje del lenguaje.

El modelado

Para esta actividad necesitarás periódicos, una lámina de cartón o una tabla de madera fina, como las tapas de las cajas de vino, y un recipiente de boca ancha para contener agua. También has de comprar arcilla húmeda que esté lista para modelar. Para preparar el espacio coloca primero los periódicos y sobre éstos la tabla o la lámina de cartón donde colocarás el trozo de arcilla, mantén el recipiente con agua al alcance. Una vez que tengas todo preparado sienta al bebé frente a la arcilla y tú colócate del otro lado de manera que también pueda manipular la arcilla. Para comenzar has de meter tus manos y las del bebé en el agua, para que estén húmedas. A partir de este momento anima al bebé a tocar la arcilla y manipularla libremente.

Consejos

Viste al bebé con ropas cómodas y ligeras que pueda ensuciar, preferiblemente que no lleve mangas largas. Puedes también tener cerca unas hojas de papel blanco para que el bebé imprima en éstas sus manos llenas de arcilla y observe el resultado. Puedes enseñarle cómo puede cortar un trocito con las manos y así jugar con pedacitos más pequeños. Para ayudarle puedes mostrarle cómo se hacen los churros, o una pequeña pelota, pero preferiblemente permítele que experimente con libertad y disfrute de la experiencia.

Beneficios

Favorece el desarrollo de la pricomotricidad fina. Mejora la destreza manual. Estimula la creatividad y la imaginación.

Saltos de rana

En un espacio libre de muebles, haz una marca en el suelo como si fuese una meta. Comienza el ejercicio con el bebé de pie y le explicas que esa marca es el charco donde están las ranitas, seguidamente indícale que se agache y se ponga de cuclillas, con las rodillas bien separadas y ambas manos apoyadas en el suelo. Una vez en esa posición anímale a impulsarse para saltar hacia delante, a la manera que saltan las ranas. Una vez que el bebé da el primer salto, dile de continuar con otro y otro, adelantando cada vez un poco más. Hasta llegar al lugar donde le has señalado que comienza la charca.

Consejos

Antes de proponer esta actividad has de mostrarle al bebé cómo son las ranas, si tienes un cuento infantil donde aparezca una rana o donde ésta sea el personaje, ayudará a que el bebé comprenda mejor lo que quieres que haga y así ponga más interés en el ejercicio. Mientras el bebé va saltando háblale y anímalo con alegría, enséñale el sonido de las ranas; ¡Cruac! ¡Cruac!, y anímalo a que lo haga mientras salta. Si el bebé no se muestra cansado y quiere continuar, una vez que llega hasta la zona de la charca, dile que la ranita quiere volver al otro lado y seguir saltando alegremente.

Beneficios

Tonifica los músculos de las piernas. Favorece el desarrollo de las capacidades motrices. Aumenta la capacidad respiratoria. Mejora el sentido del equilibrio y estimula la fantasía.

El túnel mágico

En un espacio de la casa que sea seguro, coloca de cuatro a seis sillas, en hilera, con los respaldos frente a frente y dejando un espacio libre entre éstas, de aproximadamente unos 50 cm. Seguidamente coloca una colcha o una sábana grande cubriendo los respaldos de las sillas de modo que se forme una especie de túnel entre éstas. Coloca al bebé en un extremo del túnel y rápidamente te colocas en el otro extremo. Una vez que el bebé observe donde te encuentras anímalo para venga donde tú estás.

Consejos

Para que esta actividad genere un efecto de sorpresa en el bebé, lo más indicado es que no esté presente cuando construyes el túnel, de manera que para él sea un elemento nuevo dentro de la casa. Para que el transcurso del bebé sea más lento dentro del túnel puedes colocar a lo largo de éste alguno de sus juguetes favoritos cubiertos con pañuelos, de manera que los vaya encontrando a medida que va avanzando. Mantén en todo momento el contacto visual con el bebé de manera que observes sus reacciones y le vayas hablando con espíritu de sorpresa y aventura, según lo que se va encontrando. También puedes sostener en tus manos una linterna con un filtro de papel de color, con que le vayas señalando al bebé dónde están sus juguetes.

Beneficios

Facilita el desarrollo de la capacidad psicomotriz. Fortalece las piernas y los brazos. Estimula la observación y la exploración. Mejora la relación espacio-cuerpo.

El helicóptero

En un espacio amplio y sin muebles, sitúate de pie, con las piernas separadas y el torso centrado, de manera que puedas mantener el equilibrio de tu cuerpo. Coge al bebé por los antebrazos con seguridad pero cuidando de no apretarlo demasiado. Una vez que lo tienes seguro, álzalo un poco, lo suficiente para que las piernas le queden en el aire. Seguidamente comienza a girar hacia un lado

con lentitud hasta completar un círculo completo y a partir de allí continuar girando.

Consejos

Este ejercicio es ideal para realizarlo al aire libre, y así evitar
cualquier tropiezo con las piernas del bebé. El bebé ha de
tener una camiseta de manga corta o con las mangas arre-
mangadas, para que cuando cojas al bebé por los antebrazos,
el tejido no se estire con el movimiento y así evitar que se
pueda soltar. Mantén en todo momento el contacto visual
con el bebé de manera que puedas observar cualquier reacción de incomodidad o disgusto. Generalmente a los bebés
les encantan los giros, por lo que seguramente te pedirá que
continúes y que cada vez vayas a más. Una vez que completas hacia un lado varios giros puedes parar por unos momentos para luego hacerle giros por el otro lado. Cada vez que
comiences o detengas los giros, ralentiza tus movimientos
para evitar sacudidas bruscas.

Beneficios

Tonifica los músculos en general. Estimula el sistema nervioso. Activa el sentido del equilibrio. Favorece el desarrollo de
la capacidad psicomotriz. Aporta seguridad y confianza.

La ducha

Siéntate cómodamente con la espalda apoyada y sostén al
bebé en tu regazo, de manera que quede frente a ti y se puedan mirar. Con ambas manos y con los dedos separados,

coloca las yemas de los dedos muy suavemente sobre la cabeza del bebé. A partir de este momento comienza a realizar percusiones muy suaves sobre el cabello del bebé como si fuesen gotitas de agua que están cayendo sobre él. Manteniendo una continuidad en el movimiento de los dedos, recorre toda la cabeza del bebé, para seguir bajando por sus hombros y de allí a los brazos hasta salir por las manos. Sin detener el movimiento continúas con las percusiones sobre el pecho y la espalda a la vez, colocando las manos una por delante y otra por atrás, para seguir bajando por sus piernas y salir por los pies. Para finalizar, con las palmas de las manos, hazle unos roces suaves desde la cabeza a los brazos y nuevamente desde la cabeza hacia los pies, bajando por la espalda y el torso, como si le estuvieses secando el agua después de ducharlo.

Consejos

Para este ejercicio es ideal que el bebé esté desnudo. Cuando realices las percusiones mantén las manos y los dedos muy relajados. Asegúrate de tener las uñas cortas y sin asperezas. Has de mover los dedos con libertad como si cada uno fuese una gota de agua diferente que cae independientemente. Cuando llegues a la cara del bebé suaviza mucho más los toque, teniendo cuidado con los ojos. Háblale de manera divertida y descríbele lo que le estás haciendo, como: «El agua te está cayendo en la cabeza, te está mojando lo bracitos, ahora la sientes en la espalda...». Luego, cuando comiences a jugar a que lo secas puedes también realizar roces en círculos, restregarle un poco el cabello, siempre evitando los movimientos bruscos. Si el bebé intenta imitarte deje que participe, animándolo a reproducir en ti lo que le estás haciendo.

Beneficios
Favorece la relajación del sistema nervioso. Estimula la circulación superficial. Tonifica la piel. Aumenta la percepción corporal.

Masaje en los pies

Con el bebé tendido boca arriba sobre la cama de manera que los pies le queden al borde de ésta. Siéntate cómodamente en una silla frente a sus pies. Con una mano sostenle uno de los pies con suavidad, mientras que con la otra comienza a darle un masaje en la planta del pie. Para aplicarle el masaje comienza haciendo círculos con la yema del pulgar desde el talón hasta los dedos, en los cuales les das masaje uno a uno, separándoselos un poco y estirándoselos suavemente. Para finalizar realiza un deslizamiento con todo el pulgar desde el talón hasta los dedos, primero siguiendo la línea de cada dedo, y luego en toda la planta. Seguidamente abrázale los pies con ambas manos y sal lentamente por los dedos. Luego realiza el mismo masaje en el otro pie.

Consejos
Coloca una almohada bajo la cabeza del bebé para que puedas mantener el contacto visual con él en todo momento.

Antes de dar el masaje asegúrate de tener las uñas cortas y sin asperezas. También puedes realizar el masaje en los pies cuando el bebé se encuentra durmiendo. Si el bebé está despierto háblale con ternura y cuéntale los deditos a medida que se los vas tocando. Puedes utilizar la crema hidratante que le aplicas al bebé después del baño. Preferiblemente no utilices aceite, ya que después el bebé se quedará con los pies llenos de aceite. Si el bebé está inquieto y se quiere levantar no insistas en darle el masaje, intenta cambiarlo por un masaje en las manos, o simplemente juega con él.

Beneficios

Favorece la circulación sanguínea de los pies. Estimula los puntos energético que se encuentran en la plante del pie. Regula el sistema nervioso. Aumenta la capacidad psico-sensorial.

La gran portería

En un espacio amplio, sin muebles que permita jugar, coloca dos cojines en el suelo, manteniendo una separación entre éstos como si se tratara de una portería de fútbol. Con una pelota pequeña comienza libremente a jugar con el bebé, una vez que está entusiasmado con el juego, tira la pelota de modo que pase entre los dos cojines permitiendo que el bebé observe cómo lo has hecho. Luego colócate del otro lado de los cojines y pásale la pelota al bebé y le animas a tirar la pelota hacia ti para que ésta pase por enmedio de los cojines.

Consejos

Si para el bebé resulta muy fácil el juego puedes aumentar el nivel de dificultad alejando los cojines o colocando otros cojines para que tenga diferentes direcciones a donde tirar la pelota. También puede tener un par de pelotas, y en el momento que él te tira una de las pelotas, tú le devuelves la otra. Intenta que el bebé entienda que el juego es pasar la pelota entre los cojines, que puedes sustituir por dos cajas para que la intención sea más evidente.

Beneficios

Mejora la capacidad de observación. Armoniza y equilibra la lateralidad. Favorece el desarrollo de las funciones psicomotrices.

Toca, toca

Para esta actividad has de seleccionar diversos elementos que tengan texturas diferentes: trozos de telas, algo peludo, papel de lija, plástico, arroz o legumbres, arena, algún objeto de metal, etc. También necesitarás bolsas opacas donde meter los elementos que escojas, en las que tanto tú como el bebé podáis meter las manos al mismo tiempo. Una vez que tengas todo preparado coloca las bolsas formando un gran círculo en el suelo para luego sentarte junto con el bebé en el medio del círculo. A partir de este punto comienza la experiencia: invita al bebé a descubrir juntos qué hay en cada bolsa, metiendo ambos las manos al mismo tiempo, para así ir tocando todas las texturas y sintiendo sus diferencias. Al comenzar a tocar cierra los ojos, e invita al bebé a imitarte para que las sensaciones sean más intensas.

Consejos

Para que la actividad resulte más atractiva y estimule además el sentido de la vista es recomendable conseguir bolsas de diferentes colores. Escoge por lo menos seis u ocho elementos que sean bastante diferentes. Háblale al bebé en tono de misterio y una vez que los dos comiencen a tocar las texturas gesticula con la cara, exagerando un poco la impresión que ofrece cada textura. Permite suficiente tiempo para que el bebé explore y asimile sus sensaciones táctiles. Si el bebé se muestra interesado y notas que se está divirtiendo, una vez que ya ha comenzado a tocar, puedes sacar tus manos de la bolsa y dejarlo a él solo seguir tocando. Si el bebé muestra curiosidad por sacar y poder mirar lo que hay dentro de las bolsas no se lo impidas, siempre y cuando ya haya tocado sin ver. Luego puedes ir colocando los elementos sobre las bolsas y al finalizar los tendrás todos expuestos. Invita al bebé a que te diga cuál es su preferido y cual le gusta menos.

Beneficios
Favorece el desarrollo de la motricidad fina. Estimula el sentido del tacto. Facilita la capacidad de exploración y la sorpresa. Aumenta la percepción sensorial.

El león
Siéntate junto al bebé cómodamente, sobre una manta doblada o superficie acolchada, frente a un espejo que sea seguro y donde se pueda reflejar todo el cuerpo. Comienza haciendo caras frente al espejo de manera que el bebé te mire a través del espejo. Una vez que hayas captado la atención del bebé colócate de rodillas con las manos apoyadas en el suelo, a manera de cuatro patas, siempre quedando de frente al espejo y comienza a imitar algún animal, como por ejemplo, el león. Mueve la cabeza y haz gestos con la cara, abre bien la boca y saca la lengua lo más que puedas. Imita el rugido del león, levanta una mano y haz como si dieras un

zarpazo en el aire. Una vez que el bebé ha observado lo que haces anímalo a imitarte haciendo como un león.

Consejos

Antes de comenzar esta actividad puedes invitar al bebé a mirar un libro de animales donde se encuentre el león. Mientras miráis el libro mencionar claramente el nombre de cada animal enseñando al bebé cómo se pronuncia, animándolo a que él vocalice los nombres, también puedes imitar los sonidos que hace cada animal. Una vez que comienza el juego frente a el espejo y el bebé se muestra animado a imitarte, permite que experimente un tiempo y déjale que realice sus propios movimientos libremente. Después de jugar un rato a imitar al león puedes proponer otro animal como por ejemplo el perro. Si el bebé ya reconoce las características de estos animales, no le digas previamente qué animal van a imitar y déjalo que le adivine.

Beneficios

Favorece la observación y el proceso de aprendizaje a través de la imitación. Tonifica la musculatura en general. Libera la tensión de la mandíbula. Facilita la vocalización. Estimula la imaginación y la creatividad.

En la cueva

Para esta actividad has de construir una especie de cueva, utilizando sillas y muebles que te faciliten dar forma a la estructura, pero sin colocar unos sobre otros, de manera que se mantengan firmes y evitar que se caigan. Luego cubre la estructura con sábanas y telas grandes, dejando claramente el espacio abierto para poder entrar en la cueva. Una vez que la tengas lista, coloca en el interior de la cueva algunos juguetes pequeños del bebé, que sean sus preferidos. Luego busca al bebé y muéstrale la cueva. Asómate tú primero y dile con asombro que has visto sus juguetes jungado adentro, anímale a entrar y encontrarse con sus juguetes.

Consejos

Si cuentas con una caja grande, como las que contienen los televisores, será muy útil para recrear la cueva, solamente necesitarás las telas para hacerla más interesante. Es importante que el bebé no te observe mientras estás construyendo la estructura, para que le sorprenda cuando la vea. Aunque la idea es que no quede obscura por dentro, será más interesante si desde afuera iluminas el interior de la cueva con una linterna, mostrando al bebé donde están sus juguetes. Una vez que el bebé esté dentro de la cueva, acompáñalo desde el exterior, háblale con tono de sorpresa, ilumínalo con la linterna cuidando de no posar la luz en los ojos del bebé. Si le gusta y lo ves disfrutando de la experiencia no le apresures a terminar y déjalo en silencio jugar un buen rato, siempre que estés atenta a lo que está haciendo.

Beneficios

Aumenta la capacidad de atención. Mejora las capacidades sensoriales. Estimula la exploración y la sorpresa.

Cuarta parte

Del segundo al tercer año

✔ Entre el segundo y el tercer año el niño perfecciona su manera de caminar. Al igual que las personas adultas, ya comienza a alternar los brazos con las piernas mientras anda. Juega a saltar en un solo pie y a mantener el equilibrio. Como ya puede subir y bajar las escaleras ahora experimenta saltando desde el primer escalón.

✔ Aprende a subir la cremallera cuando se viste y sabe usar los botones. Puede ponerse los zapatos sin hacer el lazo, que todavía le resulta complicado para su edad.

✔ Cada vez participa más en las actividades cotidianas y está dispuesto para ofrecer su ayuda como por ejemplo al quitar los platos después de comer o guardar sus juguetes si su madre se lo pide.

✔ Su nivel de comprensión alcanza el nivel suficiente como para conocer el significado de las imágenes de sus cuentos, reconocer y nombrar los colores, aprender y conocer las canciones infantiles que más le gustan, incluso ya será capaz de contar hasta diez.

✔ En estos meses el niño comienza a adquirir el dominio que necesita para un uso correcto del lenguaje. Ya puede pronunciar bastante bien las vocales y las consonantes.

Cuando escucha una palabra nueva que llama su atención, la repite como si se tratara de un ejercicio para aprenderla y memorizarla.

✔ A medida que el niño domina mejor el lenguaje, cuando se le lee un cuento es recomendable ir señalando con el dedo las palabras, de manera que las asocie con la escritura. También formularle preguntas sencillas sobre lo que se le ha leído, si hay algo que le llama la atención... las preguntas que se le hacen le ayudan a encontrar sus propias reflexiones y favorecen el aprendizaje del lenguaje como medio de expresión.

✔ El aprendizaje de su idioma y de la buena pronunciación conlleva un tiempo durante el cual el niño intenta expresarse lo mejor posible. Sin embargo, algunas palabras y determinadas consonantes le pueden resultar difíciles de pronunciar, dando como resultado el típico lenguaje infantil que suele resultar simpático. Ante esas faltas, hay que evitar las burlas o las risas que no favorecen en nada el gran esfuerzo que hace el niño por expresarse verbalmente. Lo mejor es corregirle con delicadeza y hablar sin alteraciones, evitando imitarlo, de manera que pueda ser un buen modelo para el niño. Al fin y al cabo él lo que necesita son buenos ejemplos para imitar el lenguaje y así poder comunicarse igual que los adultos.

✔ Durante estos meses el niño aprende finalmente a controlar sus esfínteres, comprende claramente lo que tiene que hacer y avisa a su madre cuando tiene necesidad de ir al lavabo. Sin embargo, por regla general, el control de la orina es lo que más le cuesta y puede que aunque avise no sea capaz de aguantar hasta llegar al lavabo. Para el niño representa una frustración que le incomoda, le llena de vergüenza y culpabilidad, necesita un perdón que suele buscar con el llanto, al igual que cuando moja la cama durante la noche. Son situaciones en que hay ser comprensivo con el niño, animarle y darle apoyo. El período de aprendizaje de sus hábitos de limpieza se caracteriza por una irregularidad que mejora lentamente entre pro-

gresos y retrocesos, en el cual influyen las circunstancias y especialmente la afectividad del entorno. Si se le exige demasiado, se le recrimina o se le compara injustificadamente con otros niños que lo hacen mejor, el niño puede generar una serie de sentimientos como impotencia, temores íntimos, inquietud... que pueden culminar con problemas de baja autoestima.

✔ El niño mantiene su interés en jugar a trazar líneas, para él representa la fase inicial en el aprendizaje de la escritura. Además, esta actividad le favorece tanto el desarrollo de sus habilidades manuales como la coordinación visual-motriz. El desarrollo de estas capacidades le permite poco a poco buscar una forma definida en sus trazos, aunque continúa disfrutando con el dibujo fortuito, libre de toda intención.

ELEMENTOS Y JUGUETES RECOMENDADOS PARA ESTA ETAPA

✔ Legos y juegos de construcción más complejos.
✔ Muñecos de diferentes sexos para jugar a representar la vida familiar.
✔ Juguetes para desarrollar el juego simbólico y el de imitación.
✔ Materiales diversos para que el niño pueda experimentar con el dibujo

ACTIVIDADES DE ESTIMULACIÓN

Estirarse como el gato

Sitúate al lado del bebé, ambos de rodillas sobre una superficie acolchada y segura. Seguidamente muéstrale que se incline hacia delante, hasta que se apoye con las palmas de las manos en el suelo, por delante de su cabeza. Con los brazos y la espalda completamente estirados. Anímalo a estirarse cada vez un poco más como imitando la manera de estirarse de un gato. Una vez que se haya estirado hacia delante muéstrale cómo ha de levantar el cuerpo para que quede en cuatro patas y desde allí lleve todo su cuerpo hacia delante, doblando los codos de manera que pueda tocar el suelo con su pecho y estirar las piernas. Luego puede descansar unos segundos para realizar nuevamente el ejercicio desde el principio, un par de veces más.

Consejos

Para que el bebé comprenda mejor el ejercicio que le propones, lo mejor es que tú lo realices previamente, muy despacio y asegurándote que el bebé te está observando. Háblale describiendo los cambios en los movimientos que haces. La imagen de un gato es ideal para que el bebé se anime a imitar los estiramientos, si tienes un libro o mejor aún, un gato verdadero el bebé tendrá más interés en imitar sus movimientos. También puedes imitar los maullidos del gato, con un tono de satisfacción cada vez que te estiras. Si el bebé se muestra divertido con la idea de imitar a un gato, al terminar los estiramientos puedes proponerle otros movimientos del gato, como bañarse, o colocarse muy enroscado para hacer como que está dormido.

Beneficios

Estira los músculos de la espalda, brazos y piernas. Tonifica el sistema nervioso. Mejora la capacidad respiratoria. Favorece el desarrollo de las funciones motrices. Estimula el aprendizaje a través de la imitación y la imaginación.

Apagar las velas

Para esta actividad necesitarás unas tres velas de diferentes colores y tamaños, también es recomendable que tengas posavelas para sostenerlas con seguridad. Una vez que tengas las velas preparadas en los posavelas, sin encenderlas todavía. Sienta al bebé en su silla y siéntate cómodamente junto a él. Comienza encendiendo con cuidado una de las velas a una distancia prudente del bebé pero lo suficientemente cerca como para que pueda soplar hacia la vela. Seguidamente sopla tú muy suave no con la intención de apagar la vela sino más bien intentado que la llama se mueva un poco, y asegurándote que el bebé observe lo que estás haciendo para que luego le animes a imitarte. Una vez que el bebé comienza a soplar la vela y se muestra interesado en la actividad, muéstrale cómo ha de coger más cantidad de aire para soplar un poco más fuerte, hasta que logre apagar la vela. Una vez que ha apagado la vela. Enciende la siguiente vela y realiza de nuevo el mismo procedimiento.

Consejos

El principal objetivo de esta actividad es que el bebé experimente y aprenda diferentes intensidades de soltar el aire, comenzando por la más suave hasta la más fuerte dentro de sus posibilidades. Por esto es importante que practique varias veces la manera de soplar muy suave para luego ir soplando cada vez más fuerte. Siempre que se realiza cualquier actividad con velas es necesario estar muy atento y no dejar de observar al bebé en todo momento. Para encender las velas es preferible utilizar un encendedor que cerillas, ya que éstas pueden soltar chispas al encenderlas. Si prefieres no utilizar velas puedes realizar la misma actividad utilizando plumas o elementos muy ligeros que al soplarlos se muevan y se desplacen. En este caso has de tener varias plumas para que las vayas colocando sobre la mesa una a una y el bebé las vaya soplando.

Beneficios

Aumenta la capacidad respiratoria y la consciencia de la respiración. Desarrolla la capacidad de atención y cuidado. Favorece la concentración. Tonifica los músculos de la cara.

Vamos a contar: ¡un, dos, tres!

Selecciona diferentes series de objetos de tamaño pequeño y que le resulten familiar al bebé, como por ejemplo; cucharitas, calcetines, pelotas pequeñas, envases de plástico, etc. También has de tener una bolsa para cada serie de objetos. Una vez que los tengas seleccionado y preparados, coloca una serie de los objetos que has seleccionados sobre la mesa y guarda las otras series en bolsas pequeñas. Sienta al bebé en su silla de comer, de manera que alcance la altura de la mesa y siéntate cómodamente junto a él. Comienza a contar uno a uno los objetos que has colocado, metiéndolos en la bolsa a medida que los van contando, haciendo énfasis en la pronunciación de los números y animando al bebé a decirlos contigo. Cuando finalizas con una de las series, comienza a contar con otra.

Consejos

Para mantener la continuidad en el aprendizaje de los números es recomendable que una vez que tengas las bolsas con los objetos, los guardes para que cada cierto tiempo realices el ejercicio con el bebé. Comienza contando del uno al tres, y a medida que el bebé va aprendiendo vas aumentando a seis, a ocho hasta llegar a diez. Una vez que el bebé ha aprendido a contar hasta diez, comienza a combinar los objetos de manera de contar: tres cucharitas, dos calcetines, cuatro pelotas, etc. Cuando no dispones de objetos, puedes practicar los números contando los dedos de las manos: comienza tocándole tú los dedos al bebé, a medida que van contando, para que luego el toque los tuyos mientras te los cuenta.

Beneficios

Estimula el aprendizaje y la cognición. Desarrolla la memoria numérica. Favorece las funciones del hemisferio cerebral izquierdo. Mejora la capacidad de observación y escucha.

La flor que se abre

Coloca al bebé sobre una superficie cómoda y segura. Sitúate frente a él de manera que pueda observar bien tus movimientos. Una vez que has captado su atención, coloca tus brazos como si estuviese abrazando a alguien con las manos cerradas, creando la forma del capullo de una flor, seguidamente abre poco a poco las manos extendiendo los dedos, al tiempo que levantas los brazos llevándolos un poco hacia arriba. Después de mostrarle al bebé un par de veces al movimiento, anímale a imitarte para hacerlo juntos varias veces.

Consejos

Para interesar al bebé en este ejercicio puedes comenzar jugando con él a imitar pequeños movimientos sencillos con las manos. Una vez que comienzas a mostrarle los movimientos descritos, observa si tiene dificultades para colocar las manos y ayúdale si es necesario. Si el bebé disfruta mirándote pero no hace el intento por imitarte no insistas en que lo haga, simplemente déjalo que te observe y se tome el tiempo necesario para aprender el juego. Háblale con ternura e imaginación, explícale que es un flor que está cerrada y poco a poco se abre extendiendo sus pétalos hacia la luz y el cielo.

Beneficios

Tonifica la musculatura de los brazos y el pecho. Mejora la capacidad respiratoria. Facilita la observación y la gestualidad. Estimula la imaginación. Favorece la creatividad.

Encontrar y reconocer

Escoge varios objetos que sean de uso personal del bebé: un zapato, el cepillo para peinarle, su almohadita, su cuchara, un juguete, etc. Cuidando de que el bebé no te observe, colócalos por la sala en diferentes lugares y cubre cada uno con pañuelos de colores sólidos y llamativos. Una vez que tengas todo preparado trae al bebé a la sala y anímalo a que encuentre los objetos que se han escondido bajo los pañuelos de colores. Cada vez que el bebé descubre un objeto pregúntale: «Pero ¿qué es eso? ¿Para qué lo usas? ¿Cómo lo usas?...», animando al bebé a que te demuestre para que le sirve y cómo se utiliza el objeto. Cuando ya te ha hecho la demostración y ha jugado un poco con el primer objeto, indícale que busque el siguiente para continuar de la misma manera, descubriendo cada uno de los objetos y representando su utilidad.

Consejos

Para que le resulte sencillo al bebé encontrar los objetos, colócalos en lugares evidentes, como sobre la mesa o el sofá. También puedes colocarlos en indiferentes lugares de la casa y cada vez que el bebé termina de representar el uso del objeto le pides que lo coloque en el lugar que le corresponde: el zapato en la zapatera, la cuchara en la mesa, la almohada en su cuna, etc. Puedes agregar a la actividad el reconocer los colores de los pañuelos de los objetos, como por ejemplo: ¿Qué estará bajo el pañuelo rojo? De manera que el bebé busque primero el pañuelo de ese color y luego descubra el objeto. Formula las preguntas y háblale al bebé en tono de misterio y sorpresa, luego cuando le pidas que te explique cuál es el uso de cada objeto, simula que tú no lo sabes y asómbrate cuando te lo demuestre. Permítele al bebé su tiempo para desarrollar esta actividad, sin forzarlo a que descubra rápidamente cada objeto.

Beneficios

Facilita la comprensión de las actividades de cooperación. Estimula la atención y la observación. Favorece la comunicación y la expresión corporal. Aumenta la capacidad de relación con el espacio.

Esconder la cabeza

Sienta al bebé cómodamente sobre una superficie acolchada y segura, con las piernas separadas entre sí y las rodillas ligeramente dobladas. Colócale las manos apoyadas en el suelo por debajo de sus muslos. Seguidamente coloca suavemente tus manos en la parte baja de la espalda del bebé, para comenzar a empujar muy lentamente hacia delante, soltando el aire, hasta que la cabeza del bebé le quede entre las piernas. Intenta que permanezca en esa posición unos segundos y luego, colocando tus manos en sus hombros llévalo a la posición inicial, para realizar una vez más el ejercicio.

Consejos

Para que el bebé entienda mejor qué le propones lo mejor es que previamente te observe realizar el mismo ejercicio. A modo de llamar su atención puedes presentarlo en forma del juego de la tortuguita que esconde la cabeza y la vuelve a sacar.

Una vez que el bebé intenta imitar tus movimientos ayúdale a colocarse para facilitarle la postura inicial. Para indicarle cómo respirar puedes invitarle a tomar aire antes de bajar para luego soltarlo como cuando juegan a apagar las velas. Háblale de manera divertida en todo momento y una vez que se encuentra con la cabeza escondida entre las piernas, cuenta en voz alta y con ánimo: ¡Un, dos, tres, cuatro, cinco!, para facilitar que el bebé permanezca en la postura al menos unos segundos.

Beneficios
Estira la espalda. Tonifica los músculos de las piernas. Flexibiliza la columna. Aumenta la capacidad respiratoria.

Para qué nos sirve la casa

Ve con el bebé a la entrada de la casa y ofrécele la mano para visitar todos los espacios de donde vive. Cada vez que entréis en una habitación anímalo a explorar todos los rincones posibles, que sean seguros y que no representen un riesgo para el bebé, como: por debajo de la mesa, por detrás de las puertas, levanta los cojines del sofá, etc. Pregúntale qué se hace en cada habitación, y para qué nos sirven los muebles. Reproduce junto a él las actividades que se realizan en cada mueble, como por ejemplo: en la habitación está la cama, donde nos acostamos y dormimos. En el comedor está la mesa y las sillas, para sentarnos y comer. En el sofá jugamos, miramos la tele y se sientan los amigos cuando vienen a casa, etc.

Consejos

Háblale al bebé con espíritu de exploración y aventura. Una vez que esté interesado en la actividad y se muestre divertido, déjalo que te lleve por la casa a los lugares que el prefiera. Intenta explorar al máximo cada espacio, para que el bebé tenga más posibilidades de explicarte los usos de la casa. Una vez que has explicado la manera de usar los espacios y el mobiliario de la casa, pregúntale cómo se hace para que lo demuestre él solo. No lleves tú el ritmo de la actividad, tanto si el bebé quiere mantenerse más tiempo jugando en una habitación, como si cambia rápidamente de lugar. Intenta aprovechar al máximo los lugares donde el bebé quiere estar más tiempo para que te explique la mayor cantidad de detalles posibles. Si algún mueble se le olvida o no lo toma en cuenta, llámale la atención sobre éste para que pueda incorporarlo al juego.

Beneficios

Mejora la relación con el entorno. Desarrolla la capacidad de orientación. Estimula las capacidades cognitivas. Despierta el interés por el uso de los espacios. Favorece el desarrollo del lenguaje.

El cochecito

Para esta actividad has de construir una especie de coche, utilizando una caja grande donde entre el bebé, como las cajas de plástico que se usan para guardar ropa. Luego ata a uno de los lados de la caja un cordón grueso y largo, de un material que sea resistente. Despeja varias zonas de la casa por donde puedas pasar cómodamente tirando de la caja. Una vez que tengas todo preparado coloca al bebé dentro de la caja con alguno de sus juguetes y comienza a tirar de la caja para llevarlo a pasear en ella.

Consejos

Esta actividad es ideal para realizarla en un parque o en un espacio abierto donde el terreno sea plano. Cuando tires de la caja con el bebé dentro no le des la espalda, de manera que puedas mantener el contacto visual con el bebé todo el tiempo y observar sus reacciones. Es preferible que tires lentamente para que el bebé perciba mejor el movimiento y la actividad le resulte más placentera. Si tienes posibilidades pinta de colores la caja, o pégale algunos adornos como cintas, recortes de animales, globos de colores, para atraer más la atención del bebé.

Beneficios

Tonifica los músculos del cuerpo. Mejora el sentido del equilibrio. Favorece el desarrollo psicomotriz, aporta seguridad y control al bebé.

La mariposa

Sienta al bebé cómodamente sobre una superficie acolchada y segura. Ayúdale a doblar las rodillas con suavidad de manera que junte las plantas de los pies entre sí. Luego coloca las manos en la espalda del bebé y empújale suavemente hacia delante, cuidando que no encorve la espalda y colócale sus manos sobre los pies de manera que los mantenga unidos. Una vez en esa posición muéstrale cómo puede subir y bajar las rodillas al tiempo, como imitando el movimiento de las alas de una mariposa.

Consejos

Para que el bebé comprenda mejor el ejercicio que le propones, realízalo previamente asegurándote que el bebé te observa. Al mostrarle el ejercicio al bebé háblale de manera divertida, invitándolo a volar con las piernas como la mariposa. Realiza el ejercicio despacio para que el bebé pueda captar bien la postura y el sentido del movimiento. Si el bebé no se muestra interesado al principio, continúa tú haciendo el movimiento de manera divertida para animarlo a imitarte, una vez que comience a intentarlo, ayúdalo con la postura. Si el bebé se muestra incómodo, no insistas en continuar y proponle otro ejercicio que ya conozca y que le gusta realizar.

Beneficios

Mejora el riego sanguíneo de la cadera y las piernas. Estira la espalda. Tonifica el sistema nervioso. Favorece la coordinación motriz de las piernas.

Las cosas al revés

Para esta actividad has de seleccionar unos cinco objetos que tengan claramente las formas de derecho y revés, como por ejemplo: un vaso, una botella, unos pantalones, una camisa, etc. Una vez seleccionados, siéntate cómodamente con el bebé en un lugar donde pueda jugar con los estos objetos. Cuando todo esté listo comienza mostrando al bebé uno de los objetos en su posición correcta, para luego girarlo, ponerlo al revés, y decirle al bebé: «Mira, el mundo al revés». Cada vez que le muestres un objeto y lo voltees, pásaselo para que el bebé también lo ponga al revés.

Consejos

Utiliza objetos de plástico y materiales seguros. Háblale con expresiones de curiosidad y asombro. Mantén siempre el contacto visual con el bebé, poniendo especial atención en sus reacciones. Cada vez que voltees un objeto y lo coloques al revés, gira la cabeza como para verlo derecho, de manera que el bebé te imite, y dile vamos a ver nosotros al revés.

Una vez que ya has volteado todos los objetos si el bebé quiere continuar jugando, permite que él dirija la actividad y que sea quien te muestre cómo se ven los objetos al girarlos.

Beneficios

Favorece la capacidad de escucha y la observación. Estimula la imaginación. Facilita el desarrollo de las capacidades cognitivas. Mejora las relaciones sociales.

El pequeño tren

Para esta actividad has de construir con cajas un pequeño tren. Selecciona al menos unas cuatro cajas de cartón pequeñas, que no tengan tapa. Utiliza un cordón que sea resistente y suficientemente largo como para unir todas las cajas entre sí, dejando un espacio entre éstas. Abre un agujero en los dos laterales de cada caja de manera que puedas pasar el cordón y así ir uniendo todas las cajas entre sí. Cuando unas las cajas con el cordón, haz nudos en el cordón en los lugares donde entre y donde sale de cada caja, dejando un trozo de cordón libre entre cada caja, de manera que parezca un trenecito. En la última caja haz un nudo grande para asegurar que el cordón no se salga, mientras que en la primera caja has de dejar al menos un metro de cordón para que el bebé pueda tirar del tren. Una vez que tengas listo el pequeño tren, muéstraselo al bebé y anímalo a colocar dentro algunos de sus juguetes y a tirar del tren para darles un paseo.

Consejos

Para decorar el tren, puedes pintar con témperas de colores diferentes los lados de las cajas. También puedes pegarle papeles de colores o con imágenes de animales, las letras, los números, etc. Utiliza un cordón de material natural que sea cómodo y seguro para que el bebé pueda tirar del tren. Cuando el bebé comience a jugar enséñale a imitar el sonido del tren: ¡Chúúú!, ¡chúúú!, mientras lo pone en marcha. Para que la actividad resulte más divertida, puedes señalar un par de estaciones de tren en dos lugares de la casa, donde colocas más juguetes y le enseñas al bebé cómo descargar y cargar nuevos juguetes en cada estación. Una vez que el bebé está animado con el juego déjale libre disfrutar de la experiencia, pero manteniendo siempre tu atención en él.

Beneficios

Mejora la coordinación psicomotriz. Estimula la imaginación y la creatividad. Favorece la relación objeto-espacio-desplazamiento.

Masaje en la cabeza

Siéntate cómodamente en el suelo sobre una manta con las piernas separadas, de manera que puedas colocar al bebé entre tus piernas frente a ti. Apoya la espalda sobre una almohada o cojín grande para estar relajada. Relaja las manos y seguidamente coloca, con delicadeza, los dedos abiertos sobre la cabeza del bebé. Comienza lentamente a hacer roces suaves con las yemas de los dedos desde el centro de la cabeza hacia los lados, como siguiendo franjas. Al salir por los lados regresas al centro de la cabeza para continuar con los roces de manera que abarques toda la cabeza del bebé.

Consejos

Cuida de tener las manos suaves y las uñas cortas sin asperezas. Mantén el contacto visual el todo momento con el bebé. Puedes comenzar haciéndote tú misma los roces para que el bebé entienda lo que le vas a hacer, y cuando te hagas el automasaje, hacer expresiones de bienestar y satisfacción. Si el bebé se muestra interesado puedes llevarle sus manos a tu cabeza para que imite tus movimientos y te haga masaje o se haga masaje el mismo. Has de mantener los dedos muy relajados sin ejercer ninguna presión. Los deslizamientos han de ser lentos y continuos, evitando tirar del pelo del bebé.

Beneficios

Estimula el sistema nervioso. Favorece el riego sanguíneo en la cabeza. Mejora las capacidades sensoriales. Facilita las relaciones sociales y despeja la mente del bebé.

¡Vamos a sentarnos!

En un espacio libre de objetos, coloca varios cojines de diferentes tamaños, uno o dos bancos bajos donde el bebé pueda sentarse sin dificultad y alguna silla pequeña que también resulte cómoda para el bebé. Una vez que tienes colocados todos los elementos en el lugar que has elegido, comienza a sentarte y a cambiar de lugar, de manera que el bebé te observe y participe imitándote. Anímale a levantarse al mismo tiempo que tú para cambiar y sentarse en otro de los asientos que has preparado. Una vez que ambos están sentados en un nuevo lugar, cuenta: «¡Un, dos, tres, cuatro, cincoooooo y nuevamente cambio!».

Consejos

Prepara el lugar con el bebé, pídele que te ayude a colocar los cojines y sillas que has seleccionado. Una variante de esta actividad es utilizar una música que puedas quitar y poner, para que señale el momento en que hay que cambiar. Mientras suena la música permaneced sentados y cuando se detiene la música cambiad de lugar. Para esto puedes utilizar un mando a distancia o pedir que otra persona participe en la actividad. Si no te es posible usar la música, en lugar de contar puedes cantar una canción que el bebé ya conozca mientras están sentados y cuando dejes de cantar es la señal para cambiar de sitio. Si el bebé se interesa por la actividad y desarrolla habilidad para el cambio, puedes dejar que sea él quien marque los tiempos, ya sea cantando o con una simple señal. Pero si el bebé se demora un poco más en seguir el ritmo de la dinámica, ve más despacio y permítele el tiempo necesario para logre seguirte.

Beneficios
Mejora la coordinación psicomotriz. Favorece la capacidad de escucha y atención. Facilita las capacidades cognitivas. Mejora la relación con el entorno y el espíritu de cooperación.

Espuma de colores

Para esta actividad necesitarás colorantes alimenticios, gel de baño, varios recipientes de plástico y papeles blancos de diferentes tamaños. Seguidamente prepara una solución jabonosa que produzca bastante espuma de una textura lo más compacta posible. Una vez que la tengas lista ve colocando un poco de espuma en cada uno de los recipientes, para después agregar un poco de colorante alimenticio a cada uno y así crear espumas de diferentes colores. Coloca en el suelo, plástico o papel periódico que se pueda manchar con pintura, y sobre éste los papeles blancos donde el bebé pintará con la espuma de colores. Una vez que tengas todo preparado enséñale al bebé cómo puede coger con las manos la espuma de colores y extenderlos sobre los papeles, haciendo formas libres y mezclando colores entre sí.

Consejos

Viste al bebé con ropas cómodas, de manga corta y que se puedan manchar de pintura. Para comenzar es mejor jugar un poco con la espuma, de manera que sienta su textura y luego la esparza sobre los papeles blancos y vea los resultados. Si la consistencia de la espuma lo permite, el bebé también puede crear formas tridimensionales con la espuma, acumulándola una sobre otra. También muéstrale cómo al mezclar los colores se forman nuevos colores: del rojo y amarillo saldrá el naranja, del azul y el amarillo saldrá el verde. Una vez que el bebé se muestra interesado en la actividad no le indiques lo que tiene que hacer o pintar, déjalo que experimente libremente, sin intervenir en su proceso. Solamente si solicita tu ayuda o para ofrecerle más material, en caso de que se le termina y quiera continuar pintando.

Beneficios

Favorece el desarrollo de la capacidad creadora. Estimula la imaginación y la experimentación a través del color. Facilita la sensibilización hacia el material. Desarrolla la capacidad psicomotriz.

Conocer el cuerpo

Para esta propuesta necesitarás un muñeco nuevo, preferiblemente que corresponda a un niño pequeño y que tenga la mayoría de las partes corporales bien definidas. Invita al bebé a jugar contigo y con el nuevo muñeco, comenzando por ponerle un nombre que el mismo bebé puede elegir para que le resulte sencillo de pronunciar. Una vez que comiences a jugar ve poco a poco tocando las partes del cuerpo del muñeco y mostrándoselas al bebé, al tiempo que le preguntas: «¡Ah! Este es el brazo de "Tato", ¿y dónde está mi brazo?, y el tuyo, ¿dónde está?». De esta manera intenta ir nombrando la mayor cantidad de partes corporales, que sean fácilmente reconocibles por el bebé y animándole a encontrarlas y señalarlas en su propio cuerpo.

Consejos

Puedes también utilizar un muñeco que ya tenga el bebé. Sin embargo, la elección de un muñeco nuevo puede añadirle más interés y desde ese momento será su modelo para aprender de su propio cuerpo. Aunque el bebé demuestre que ya ha aprendido algunas partes del cuerpo, es importante preguntárselas varias veces para que vaya afianzando sus nuevos conocimientos. También puedes vestir y desvestir al muñeco enseñándole al bebé cómo se hace para vestirlo y nombrando las diferentes prendas de vestir. Háblale al bebé con tono interrogativo, y luego cambia al de sorpresa cuando te señale sus partes del cuerpo. Si el bebé se demora en acertar no le presiones a alcanzar un determinado objetivo, continúa enseñándole en el muñeco las diferentes partes y seguramente en una segunda oportunidad ya las reconocerá.

Beneficios

Facilita el conocimiento del propio cuerpo. Favorece la atención y la observación. Estimula la comunicación y el aprendizaje del lenguaje. Mejora la relación con su cuerpo.

Salvar obstáculos

Para esta actividad necesitas diferentes elementos a los que puedas dar una forma alargada y plana, como por ejemplo toallas, cordones, trozos de papel, etc. Cuando hayas seleccionado los elementos que vas a usar, colócalos en el suelo a lo largo del pasillo o en un espacio libre de muebles, dejando una cierta distancia entre cada uno de éstos. Una vez que tengas ya todo dispuesto, busca al bebé e invítale a caminar intentando no pisar los elementos que están dispersos en el suelo. Se trata de que haga varios recorridos salvando estos obstáculos, por lo que has de animarle a caminar en diferentes direcciones, siempre con la consigna de no pisarlos.

Consejos

Esta actividad es ideal para hacerla en el parque o un lugar seguro al aire libre. Puedes pedir colaboración al bebé para que te ayude a preparar el espacio de juego. Comienza realizando tú el recorrido y alzando de manera exagerada las piernas cada vez que te encuentras un obstáculo, para que el bebé observe la finalidad del juego. Si todavía le cuesta un poco mantener el equilibrio cuida de que los obstáculos no sean muy anchos de manera que los puedas salvar con un paso normal. Háblale de manera divertida animándole durante todo el tiempo. Observa sus reacciones y está atenta a cualquier dificultad que se le presente.

Beneficios

Favorece el desarrollo de las funciones motrices. Mejora la capacidad de observación. Facilita la coordinación corporal necesaria para la marcha.

Dibujar el movimiento

Para esta actividad necesitarás ceras de diferentes colores, un trozo de papel kraft blanco, de aproximadamente un metro de ancho, por metro y medio de largo, una música dinámica que le guste al bebé y que le haga bailar. Primero, has de seleccionar una pared de la casa donde puedas pegar el papel y el bebé tenga libertad para bailar y dibujar sobre éste. Coloca las ceras de colores cerca del papel y prepara la música que utilizarás en la actividad. Para comenzar, invita al bebé a dibujar en el papel de pie, enseñándole que puede hacer rayas muy largas y sobreponerlas una sobre otras. Luego pon la música y sin soltar las ceras comienza a bailar para que el bebé te imite, y en algún momento del baile, sin dejar de moverte, empieza a dibujar los trazos de tu movimiento en el papel, como si las ceras bailaran sobre éste. Hazlo en el momento en que el bebé te esté observando y anímalo a seguirte bailando y haciendo trazos libres en el papel.

Consejos

Acompaña el bebé y sigue bailando y haciendo líneas hasta que él se interese por lo que haces e intente imitarte. Anímale a dibujar con ambas manos, sosteniendo una cera en cada una. Sin embargo, si él prefiere dibujar sus formas y garabatos en un espacio pequeño del papel, no insistas en que el bebé dibuje lo que tú quieres. En esta actividad has de dar la mayor libertad posible al bebé, para dibuje las formas que ya conoce y con las que está desarrollando sus habilidades. Has de permitirle explorar a su ritmo y felicitarlo siempre por sus dibujos.

Beneficios

Favorece el desarrollo de la motricidad fina. Estimula la creatividad y la imaginación Facilita la experimentación y el
aprendizaje de la escritura.

El niño a los tres años

✔ Dentro de las etapas del desarrollo infantil los tres años
representan un nivel de madurez bastante definido. El
niño ya es capaz de expresar sin exageración lo que necesita, tiene un mayor conocimiento de sí mismo y de su
comportamiento. Es capaz de escuchar con atención lo
que le explican, especialmente si el tema es de su interés.

✔ La dicción del niño alcanza un buen nivel. Hay que escucharle con atención para ayudarle con las palabras que
todavía le resultan difíciles de pronunciar. A manera de
juego es recomendable repetir con él y vocalizar sílaba a
sílaba. Enseñarle a colocar la lengua, las vibraciones de la
garganta, taparse la nariz para las pronunciaciones nasales.
Recurrir a la imitación de los sonidos de los animales y jugar
a pronunciar mirándose la boca en el espejo, son algunos
buenos recursos para llevar a cabo estos sencillos y divertidos ejercicios. Es importante mantener un espíritu jovial
mientras se le enseña al niño la manera correcta de pronunciar. No se trata de una clase, por lo que no hay que corregirle ni reprenderle, ha de ser un juego alegre, sin pretender
que el niño logre unos resultados específicos. Cada pequeño avance que haga le llevará a una nueva fase en el perfec-
cionamiento en la pronunciación de su idioma.

✔ Comienza la etapa de los *¿por qué?* Con tres años, el niño tiene una necesidad desbordada de aprender más y más, saber el *cómo* y el *porqué* de todo lo que observa. El mundo y la naturaleza se convierten en una fuente de interrogaciones para él, y cree que sus padres lo saben todo. Una vez que obtiene la respuesta seguramente formulará la siguiente pregunta, quiere llegar al fondo de su curiosidad.

✔ Con tres años lo más seguro es que el niño ya haya alcanzado un buen nivel en sus hábitos de limpieza. Ya tiene un mayor control de sus esfínteres y aunque avise a su madre prefiere que le dejen ir sí solo al lavabo, incluso puede pedir que le cierren la puerta. Todavía necesita ayuda para limpiarse y suele solicitarla cuando termina. Cada vez los accidentes son menos frecuentes, aunque pueden durar hasta los tres años y medio, que es la etapa en que el niño alcanza el control total de sus esfínteres.

✔ Para este momento el niño ya sabe distinguir las diferencias físicas que hay entre hombres y mujeres. Se visten distinto, se comportan y cumples roles diferentes, incluso se diferencian en la manera de expresarse, de moverse y especialmente de orinar. El hecho de conocer estas diferencias permite al niño saber a qué sexo pertenece, a la vez que le despierta una gran curiosidad por su propia anatomía y especialmente por sus órganos genitales. Comienza a preguntar sobre este tema, cómo se hacen los bebés, la maternidad…Estas preguntas son parte de un proceso natural que no ha de representar una sorpresa para sus padres. La curiosidad del niño en este aspecto es más limitada que en otros, se conforma con respuestas sencillas que encuentre fáciles de asimilar.

✔ La identificación de la sexualidad se enmarca en un período en el cual el niño también descubre el significado de la pareja, lo cual le lleva a experimentar un sentimiento de soledad frente a sus padres, que le llena de tensión e inquietud. Ante estos sentimientos el afecto del niño suelen inclinarse hacia su madre, mientras que la niña buscará estar más cerca de su padre. La confusión emocional en este período puede generar ciertos comportamientos agresivos, que merecen ser tratados con comprensión y calma. Niño o niña comenzará a adoptar las características de comportamiento que observe en su madre o en su padre, según corresponda. Este comportamiento corresponde al proceso aprendizaje por imitación a través del cual el niño busca definirse sexualmente, hacia la feminidad o hacia la masculinidad. Durante esta etapa es importante tener presente que se está sirviendo de modelo al niño, al tiempo que hay que encontrar el camino para dejarle expresar su propia naturaleza.

✔ Al llegar a esta edad los conocimientos adquiridos y el nivel de comprensión facilitan las relaciones sociales del niño. Comienza a disfrutar más con la compañía de otros niños, de las reuniones y de las fiestas infantiles. Se inicia el desarrollo de la capacidad para participar en juegos y dinámicas de cooperación, pero aunque siente realmente el deseo de compartir y jugar en compañía, todavía le cuesta respetar las normas del juego y especialmente los turnos para jugar, ya que quiere participar constantemente.

Durante este proceso, es común que le atraigan más los juguetes de otros niños que los propios: si se encuentra con un niño que juega con un cochecito seguramente se lo pedirá o intentará quitárselo a pesar de que él tenga también su propio coche. Estas actitudes típicas de los niños en esta edad no representan problemas de conducta o colaboración social, lo más seguro es que el niño realmente quiere construir un juego común, pero todavía se le observa un marcado egocentrismo que le dificulta establecer correctamente las relaciones de juego. Este período suele durar hasta lo seis años, que es cuando finalmente los niños comienzan a ser capaces de disfrutar de los juegos de cooperación, con más armonía y sin la imperiosa necesidad de la mediación de los adultos.

✔ Cada vez le resulta más sencillo el momento de ir a la cama. Los rituales para dormir se simplifican. Puede que se despierte durante la noche; si siente necesidad de ir al lavabo se levantará por sí solo, también si le apetece comer alguna galleta o incluso jugar. A veces si los sueños le perturban puede ser que el niño busque meterse en la cama con sus padres y dormir allí el resto de la noche, para algunos niños esto puede convertirse en hábito con el que busca sentir el afecto y protección, para él será muy difícil comprender si se le niega esta necesidad, la cual no durará por mucho tiempo.

✔ La mente de un niño de tres años es un espacio abierto a la fantasía. Su imaginación efervescente es la mejor compañera para sus juegos en solitario. Puede entretenerse por horas con sus juguetes, hablar con éstos y establecer largas conversaciones –monólogos– en los que se le suele escuchar imitar las expresiones de los adultos. Es también la edad en que algunos niños comienzan una amistad imaginada, permitiendo que su familia participe de su *amigo imaginario* quien tendrá su lugar en la mesa o en el coche.

✔ Los libros infantiles con ilustraciones alimentan su fantasía, le gusta que se los lean y puede escuchar el mismo cuento una y diez veces seguidas. Igualmente disfruta cuando le cuentan historias o le cantan canciones con gestos, que siempre quiere escuchar varias veces para poder aprenderlas a través de la imitación.

✔ A los tres años el dibujo infantil va adquiriendo una forma más definida. Deja los garabatos para comenzar una etapa en la que predominan los círculos, los puntos y las líneas. La adquisición de precisión con el lápiz le permite dibujar su particular representación de una persona; un gran círculo, con dos puntos para los ojos y dos líneas a los lados para las piernas. El conocimiento de los colores favorece su entretenimiento mientras dibuja, las ceras gordas le facilitan la práctica. Dibuja de manera libre y espontánea, sin pretender copiar la realidad. Sin embargo, para el niño sus dibujos se convierten en personajes y situaciones reales, son una manera de jugar y expresar su mundo interior, sus ideas, conflictos, y especialmente su relación con el entorno. Es un error exigir al niño que dibuje de manera realista, hay que aceptar su interpretación y si es necesario preguntar por lo que no entendemos, antes de hacer nuestra propia interpretación de sus dibujos. Cuando se anima al niño a hablar de sus dibujos, sus propios comentarios representan una información valiosa para descubrir la personalidad y los sentimientos que guarda el niño.

✔ Los tres años son para el niño la edad de la independencia, la demostración de conocimientos y el rechazo a los cuidados excesivos. El niño quiere demostrar todo lo que sabe y cada vez que aprende algo nuevo se afianza más esta actitud. Rechaza cualquier ayuda para las acciones que él ya sepa hacer, mal o bien prefiere hacer las cosas por sí solo, como peinarse, lavarse, vestirse, etc. Cuando se siente sobreprotegido se irrita y exige su autonomía. Prefiere la amistad de sus padres que su protección. En un ambiente de amistad y camaradería, donde se le ofrezcan modelos equilibrados de armonía y seguridad, conjuntamente con una estimulación adecuada, el niño será capaz de aprender, descubrir su personalidad, establecer relaciones sociales saludables y encontrar su propio bienestar.

Los 100 primeros días del bebé
Véronique Mahé

¡Al nacer el primer bebé hay razones para sentirse perdida y desorientada! Nada es «natural»: la lactancia, cómo preparar el biberón, por qué el bebé llora tanto... En este libro podrás seguir, día a día, la experiencia de una mamá primeriza, acompañada de consejos médicos, trucos prácticos, juegos para el bebé e informaciones útiles para aprovechar al máximo los 100 primeros días, tan importantes para el pequeño... como para sus padres.

Cómo educar hijos felices
Anne Chatelain

Este libro recoge un amplio abanico de problemas que pueden surgir desde la infancia, desde problemas familiares, pequeños problemas domésticos, problemas de relación con los demás, problemas escolares o comportamientos negativos. Y ofrece una serie de consejos que sin duda le servirán para que puedan emprender su propio camino y afronten la vida con total libertad.

Ideas para divertir a los niños
Laura Bishop

El juego es esencial en la infancia porque condiciona la adquisición de conocimientos y experiencias que determinarán buena parte de su futuro. A ello se debe añadir el componente social y de relaciones que el niño establece con su entorno.

Este libro pretende apuntalar la idea del juego como base de la educación infantil y es también un referente que debe ayudar a fortalecer la relación entre padres e hijos.